歴史の流れを
つかむ**12**章

反転授業
世界史
リーディングス

上野昌之
UENO Masayuki

花伝社

反転授業　世界史リーディングス
──歴史の流れをつかむ12章

目　次

はじめに——なぜ歴史を勉強するのか …… *5*

第1章　古代文明の形成 …… *8*

　　　1　人類の誕生〜文明の発生 …… *8*
　　　2　古代文明 …… *9*
　　　3　ギリシア世界 …… *12*
　　　4　ギリシア哲学 …… *14*
　　　5　ローマ世界 …… *15*

第2章　中国の古代 …… *23*

　　　1　中国古代文明 …… *23*
　　　2　王朝の変遷 …… *24*
　　　3　王朝の制度 …… *26*
　　　4　北方遊牧騎馬民族 …… *28*

第3章　中国の中世・近世 …… *37*

　　　1　五代十国の時代 …… *37*
　　　2　宋（北宋・南宋） …… *37*
　　　3　社会・経済史 …… *38*
　　　4　政治史 …… *40*
　　　5　元・明・清時代 …… *42*
　　　6　朝鮮史 …… *50*

第4章　インド・東南アジア・イスラム世界 …… *57*

　　　1　インド …… *57*
　　　2　古代の東南アジア …… *61*
　　　3　イスラム世界 …… *64*

第5章　中世のヨーロッパ …… *72*

1　ヨーロッパ世界の形成 …… *72*
2　皇帝とは何か …… *74*
3　封建社会の成立と解体 …… *75*
4　欧州中世世界の変動 …… *76*
5　教会権力と世俗権力 …… *78*

第6章　欧州の近世 …… *84*

1　ルネサンス …… *84*
2　宗教改革 …… *86*
3　大航海時代 …… *89*
4　絶対主義 …… *92*

第7章　市民革命と産業革命 …… *97*

1　イギリスの市民革命 …… *97*
2　アメリカ独立革命 …… *101*
3　フランス革命とナポレオン戦争 …… *104*
4　ウィーン体制 …… *111*
5　ウィーン体制下での各国の自由主義運動 …… *113*
6　産業革命 …… *115*

第8章　19世紀の欧州と米国 …… *117*

1　七月革命 …… *117*
2　二月革命 …… *120*
3　19世紀後半の動向 …… *122*

第9章　帝国主義と被植民地 …… *129*

1　帝国主義 …… *129*
2　ムガール帝国の衰退 …… *130*

目　次／*3*

　　　　3　清朝末期の変動 …… 133

　　　　4　オスマン・トルコ帝国の衰退 …… 138

第10章　第一次世界大戦 …… 145

　　　　1　欧州列強の国際関係 …… 145

　　　　2　ロシア革命 …… 147

　　　　3　第一次世界大戦 …… 150

　　　　4　ヴェルサイユ体制 …… 151

　　　　5　国際協調 …… 157

第11章　全体主義と植民地の民族運動 …… 161

　　　　1　世界大恐慌とその影響 …… 161

　　　　2　欧州の全体主義国 …… 162

　　　　3　中国の民族運動 …… 165

　　　　4　日本の状況 …… 167

　　　　5　第二次世界大戦末期 …… 170

　　　　6　20世紀末の日本歴史から見る近年の動向 …… 172

第12章　第二次世界大戦後の世界 …… 174

　　　　1　東西冷戦 …… 174

　　　　2　朝鮮戦争とヴェトナム戦争 …… 177

　　　　3　その他の主だった国際状況 …… 180

おわりにかえて …… 184

あとがき …… 187

はじめに──なぜ歴史を勉強するのか

　今私たちは生き、生活しています。ここにたどり着くまで人々は何をしてきたのでしょう。歴史で何が起きたか知ることは、大切なことです。これまで学校で歴史を勉強するとき、一生懸命に事項や人名、年号を暗記してきませんでしたか？　それは知識の蓄えにはなったかもしれませんが、忘れてしまったことも多いでしょう。そのような勉強だけでは本当に歴史を勉強したとはいえません。歴史の勉強とは、その歴史がなぜ起こったのか。人はどのように考え行動したのか。その結果どのようになったのか。そして、これから私たちはどうやって生きていけばいいのか。こうしたことを考えるのが、歴史を勉強する意味です。

　なぜそのようなことをしなければいけないのか。一例を挙げます。2004年、戦乱のイラクで日本人３人が拉致されました。覚えている人もいるかもしれません。３人とは、イラクの子どもたちのために支援していた女性、イラクの悲惨な現状を世界に伝えるジャーナリスト、劣化ウラン弾の危険性を知らせようとしていた18歳の少年です。彼らはなぜ捕らえられてしまったのでしょうか。戦争中でも敵でもない外国人を拉致するということを考えれば、戦時下の犯罪となります。最近もIS（イスラム国）によりジャーナリストやビジネスマンや民間ボランティアの人などが拉致され処刑と称して殺害されました。

　しかし、すこし視野を広げてみるとその意味がわかってきます。1990年、イラクのフセイン大統領は隣国のクウェートに攻め込み併合を企みました。この事件は湾岸戦争に発展し、多国籍軍という連合軍により国を攻められ、イラクは踏みにじられました。事の始まりはさておき、これに怒りを持つ人々はたくさんいました。先の捕らえられた３人の日本人のような人は他国人でもいたのですが、過激な行動に出たグループの人々にとって、こうした人々は自国を踏みにじった外国人の象徴であったわけです。さらにマ

クロに見方を広げると、イラクはイスラム世界にあります。イスラム的な秩序は西欧的な秩序とは異なります。この対立は今から何百年も前から続きそれが両者の底流をなしています。言い換えるならば、人間の生き方、考え方という根源的なものに行き着くことになります。

　世界史の中の様々な出来事は、こうした根っこから生まれてくるものでもあります。そこに派生する様々な問題に取り組むために、今私たちは歴史を学ぶのです。

　私たちは今自由に生活し、好きなことができます。それは治安が良いからというだけではありません。社会秩序が正常に保たれる社会機構と経済機構が機能し、何よりも自由に考え、行動することが保障されているからです。こうした原理が少しでも崩れると、私たちの生活は危ういものとなります。当時のイラクはその社会秩序が崩壊してしまったのです。そしてその流れは十数年経ってもっと混沌としたものになっています。

　社会に秩序をもたらし、私たちが恩恵を受けている原理は自然にできたものではありません。人々が長い闘争と努力により作り上げてきたものです。みずからの手でそれを守ろうとしないとその原理は簡単に失われてしまうものです。歴史を学ぶとは、過去を通してそこに横たわる事柄を普遍化させることで、私たちの現在の社会や世界を考えていくことなのです。

　この本は、世界史の中にある各時代・各地域の事柄を概観し、その中にある事象の関係性をとらえ、そこに潜む原理を明らかにしていくことを目指しています。みなさんの中には、これまでの学校での勉強方法で歴史を誤解している人がいるかもしれません。歴史は暗記するものではありません。定期試験で点を上げようとか、受験でもするならばそれも致し方ないことかもしれません。しかし、この本ではそれは求めません。ここでは、歴史をじっくり解読してみてもらいたいのです。歴史は読み方次第で、疑問や興味をもつところが出てきます。それをそのままにせず、さらに調べ、読み進めてみてください。これを繰り返すと、頭にいろいろなことが残ります。なぜそれが起きたのか、そしてどうなったのかということ、つまり、出来事の因果関係とその結果さえ押さえられれば、歴史の大きな流れをつ

かむことができます。こういうことが、歴史の学習の大切なところなのです。そして、それが自らの歴史認識を構成していく道筋になっていきます。その時代、その時代がもつ「独特な匂い」を感じることができるようになれば、理解に近づいたことになります。

　この本は、人類の誕生から21世紀の今日までキーポイントとなるところをピックアップして書いてあります。概説的な主文と歴史の学習の中で素通りしてしまいそうな事柄を、疑問に答えるという形式で補足しています。時間の流れと地域的な関係を意識して読んでいただければ、どこから読まれてもかまいません。

　最後に、お読みいただくときのお願いがあります。歴史は時間の流れを縦軸に、地理的な広がりを横軸に織りなすノンフィクションの物語です。この本は時間軸に沿って書いています。したがって、地図を頭に浮かべ空間的な広がりをつねに頭の中に描いていていただきたいのです。時代ごとに空間の広がりは変わっています。過去の地理的空間は今のものとは異なります。それを思い描くことは難しい作業になりますが、視覚的にとらえることをできるだけ試みていただきたいと思います。コロンブスが航海したことで初めてヨーロッパ人の地図に南北アメリカ大陸が描き込まれました。日本でも同様なことがあったのです。フランシスコ・ザビエルが鹿児島に来る前の日本には、ヨーロッパもアメリカ大陸もありませんでした。ましてや日本を列島とする概念すらありませんでした。地図を意識せずに歴史を理解することはできません。それゆえ、地図を見、地理的関係を意識するということも併せて行っていただければと思います。

はじめに——なぜ歴史を勉強するのか／7

第1章 古代文明の形成

1 人類の誕生〜文明の発生

　人類の進化は直立二足歩行により始まります。前足が手となり道具を使用するようになるのと並行して、骨格が変化し、脳や諸器官の進化を促しました。大脳皮質とくに前頭葉が発達していくことで抽象的な思考力が増大し、創造性や創作性が生まれてきます。例えば、次々に新しい道具が作製されたり、言葉や信仰、洞穴絵画や女性裸像などの造形物が作られたりし、これらが生活のなかで不可欠な要素となっていきました。アルタミラやラスコの壁画などの造形物は今見ると芸術作品の域に達するものも多いですが、あくまでも、純粋に宗教的・呪術的な目的で描かれ作られていました。芸術と宗教というのはまだ区別されず、一つの心の作用から発生してくるものと考えたほうがいいでしょう。

　人間は他の動物と同じように狩猟採集によって自然から食糧を獲得する経済をおこなってきました。何万年も前は動物も植物も豊富でした。寒さや干ばつで、あるところに食糧がなくても、移動すればいいわけです。なによりも人口が少なかったのです。現在のような工業化した世界で辺境に追いやられてしまっている狩猟民族をイメージしてしまっては、昔の豊かさはわかりません。

狩猟採集から農耕牧畜へ

　しかし、氷河期を経験し、現世人類は自然依存生活から農耕と牧畜といった食糧生産をコントロールする経済を身につけました。生存のため仕方なかった選択であったという見方もあります。採集狩猟民もただ取っているだけでなく自然を熟知していて、突然農耕や牧畜を始めたわけでなく、

前段階として半栽培、半牧畜を行っていたようです。いずれにせよ、何とか新しい生産形式がうまくいき、生活が安定しはじめ人口が増加する基礎が固まります。農耕は人口の集約により生産性が高まります。小麦や稲を作り始めた地域では人々が集まり村ができ、やがて大集落となり都市国家へと発展していきました。都市国家間では戦争もありましたが、平和なときは常に交易関係にありました。交易は人間の移動と同じくらい古いものです。

技術的な視点も大切です。旧石器とか新石器とかいう道具が出てきますが、これは石自体が問題なのではなく、人がより複雑な加工技術を身につけていったという、イノベーションが起きたことが重要なのです。

素人目には礫と見分けがつかないような打製石器から細かな細石刃を作るまでが旧石器です。そして刃に磨きをかけ鋭くした磨製石器が作れるようになると新石器といいます。新石器時代でも使い捨ての道具には打製石器を使っていました。

やがて、石より加工しやすく、使い勝手の良い金属の生産が始まります。まずは簡単に作れる青銅器。青銅は柔らかな銅に錫を合わせた合金で固いですが、もろいものです。日本で見つかる古代の銅鐸は青銅製ですが、錆びて緑青が噴いたのであのような青い色をしています。もとは金がかった銅色の輝きを放っていました。まもなく、鉄にとって代わられます。高度な精錬技術がないと鉄は作れません。アナトリア半島でヒッタイト人が発明し、東アジアではアルタイ山脈の麓でトルコ系民族が作ったのが始まりのようです。日本には、弥生時代に両方が一緒に入ってきます。鉄は青銅に比べると強度も強く、加工のしやすさも比べようがありません。戦争では青銅剣は一撃で折れてしまい、勝負がつきました。

鉄の時代は 20 世紀、ついこのあいだまで続きました。現代は鉄に替えて様々な素材が使われるようになっています。

2 古代文明

「光はオリエントから」と欧州人は言いました。オリエントとは日の昇る

方、つまり東方のことですが、ここでいうのはエジプトとメソポタミア（2つの川の間という意味）からペルシア湾あたりの中東までをさします。オリエント・エクスプレスという超豪華な特急列車がパリからウィーンを抜けて、イスタンブールまで走っていた時代がありましたが、この名称は欧州がエキゾチックな趣を好奇な目で見ていたオリエンタリズム（東方主義）の所産でした。

　文明は何もオリエントばかりで起きたのではないことは言うまでもありません。エジプトでギザの大ピラミッドがつくられていた頃、インドではモヘンジョダロなどでインダス文明が、中国では城子崖で後期黄河文明の竜山文化が、そして日本では三内丸山の縄文時代後期の文化が繰り広げられていました。このようにオリエントを特別視する必要はないのですが、注意すべきはオリエント文明では、高度に複雑な「都市文明」がいち早く形成されていたことです。

「文明」と「文化」

　さて、問題です。「文明」と「文化」とはどう違うでしょうか？
　例えば、近代文明とは言うが、弥生文明とは言わない。若者文化とは言うが若者文明とは言わない。中国文明と中国文化はともに使うが内容が違う気がする。このように例をたくさん出してみて「文明」と「文化」それぞれのもつ共通点、相違点をまとめることから、二つの語を定義してみましょう。

　都市文明とは、人口圧により社会が構造的に組織化されていくことです。貧富の差（生産経済上の格差）や様々な力関係により統治者と被統治者の関係（階級）が発生し、統治組織や徴税システムが整備されるとともに、農業用の灌漑や（青銅器や鉄器生産のための）鉱山開発など、生産活動に有利な事業が組織的におこなわれたりしました。権力を持つ者は、その力を裏打ちさせるために神との結び付きを強調し、神の意志により統治を担っているという神権政治という方法がとられました。このとき非常に

古代オリエント諸国の盛衰

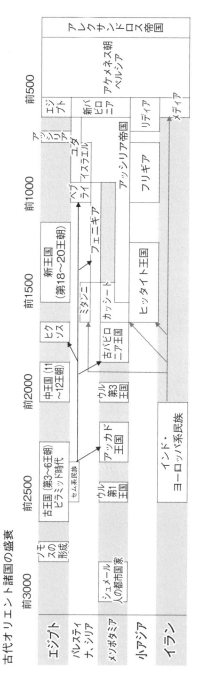

第1章 古代文明の形成 / 11

重要なのが、授かった神の言葉、神の意志をとどめるものとして文字が発明されたことです。文字の発明は何世代もかけ徐々に作り上げられてきたものでした。やがて文字は、統治の道具として汎用されるようになります。ただ、庶民が文字を使えるようになったのは、それほど古い時代ではありません。

　このように一度社会は複雑になり始めると、その度合いを増していきます。土木技術も天文学も医薬や法律も必要から生まれたもので、それが高度になると数学、物理学、医学、薬学、法学などへ発展していきました。現代にも継承されている知識が数々あります。アルファベットや365日のカレンダーはエジプト起源です。鉄や車輪、60進法はメソポタミアです。時代は少し下りますが、キリスト教やイスラム教もこの地の文化のもとに形成されました。この意味でオリエント文明は押さえておかなければならないわけなのです。

　各地域のことを示せば、エジプトでは基本的に民族興亡がありません。古王国、中王国、新王国時代と分け、なぜそうなるのかを考え各時代の特徴をとらえましょう。一言でエジプト文明といっても2500年あります。各時代に特徴があります。ピラミッドとクレオパトラの時代は異なります。

　歴史が少しやっかいなのがメソポタミアです。民族の興亡が激しく、知らない名前の民族がたくさん出てくるからです。前頁のオリエント諸国の衰亡図などを参照すると、いくつもの民族名が時間軸と地理的な広がりの中で整理できます。人々がいつ、どの辺に住んでいたかを押さえ、なぜ居並ぶ民族のなかで日本の教科書に名前をとどめることができたのか、その功績、際立った点を確認しましょう。古代オリエントの最後は、地域全体をアケメネス朝ペルシアが統一したところです。

3　ギリシア世界

　ギリシア史は、ポリスという都市国家を中心にとらえていきます。民主政治の発生と展開を考えてもらうのが第一のポイントです。第二は古代ギリシア文化が現代まで続き、人類の精神的な基盤をなしているところです。

12

ギリシアの民主政は「奴隷制」の上に成り立っていました。奴隷はポリス市民や劣等市民の下に置かれ、権利はなく労働と奉仕が義務づけられていました。とくにスパルタではひどく、奴隷であるヘロットは戦士の戦闘訓練用として農作業中や就寝中に襲われたりしました。戦争で負けるとその人々は奴隷とされ、モノとして売買の対象となりました。農作業や鉱山労働などの生産活動に従事するばかりでなく、女性や知識階級である元貴族などは家内奴隷として家事や家庭教師、娯楽教養（詩朗読・音楽演奏等）への奉仕をさせられたりもしていました。借金が返せずに奴隷になることが社会問題となり、政治家のソロンがそれを帳消しにしたといいます。ローン地獄は昔からあったようです。

　ギリシア「市民」とは成人男子のことを指し、女性や子どもはその家族という扱いでした。市民は、「自由」「自治」「自給自足」を理想とし、ポリスでは、どうあるべきかの政治談義がアゴラ（広場）で毎日のように行われていました。生産活動を奴隷にやらせていたのでこんなことができたのです。ちなみに、日々そんなことばかりしている哲学者のソクラテスを、妻は甲斐性なしだと罵倒していたといわれています（彼が処刑されたとき一番嘆き悲しんだのが妻だったことも伝えられています）。

　政治的発言権も社会的地位と比例していました。つまり、お金のない人の地位は低かったわけです。そのような状況を変えようとした人もいましたが、民衆を政治的に利用した僭主のような人もいました。

　やがて、ペルシア戦争が起こり、アテネではそのときの功績によって、まずマラトンの戦い後、重装歩兵用の武具の買える中流階級が、次にサラミスの海戦後には戦艦のこぎ手の無産市民（下流階級）が参政権を獲得し、ペリクレス時代にすべての市民が政治に参加できるようになりました。

　民主政の完成はその終焉をも意味していました。ポリス社会で突出したアテネは他のポリスの反感を買い、ペロポネソス戦争というギリシアを二分する戦争へと発展していきます。この結果、ポリスは衰退し民主政も崩壊していきました。しかし、北部ギリシア、マケドニア王国のアレクサンドロス大王の出現によってギリシアは統合され、東征後、ギリシア精神がオリエント文明と融合したヘレニズム文化として昇華されていきました。

第1章　古代文明の形成／*13*

ちなみに、ペルシア戦争のことを記してあるのがヘロドトスの『歴史』、ペロポネソス戦争のことが書いてあるのがトゥキディデスの『歴史』です。

4　ギリシア哲学

ギリシア哲学において、ソクラテス→プラトン→アリストテレスの系統は典型的なものなので、まず押さえておきます。

ギリシア哲学の始まりはアナトリア半島西部エーゲ海に面したイオニア地方のミレトスで始まります。イオニアの自然哲学（ミレトス学派）というものです。ミレトスは当時交易拠点として様々な人や文化が往来した地でした。そこでは、「万物を突き詰めれば一番元になるのは何か」ということが最大の課題でした。その最初の答えがタレスの「万物の根元は水である」というものでした。

その後ポリス社会の発展とともに、政治的な活動も行うソフィストという人々が現れます。プロタゴラスが「人間は万物の尺度である」と唱えたように、あらゆる出来事はすべて人間の主観により解釈されるという考え方が一世を風靡しました。これに異を唱えたのがソクラテスです。ソフィストと議論する中で彼らが物事の真理をまったく知らないことを知らしめました。しかし、反感を買い処刑されます。この辺は『ソクラテスの弁明』というわかりやすい本があるので読んでみましょう。

その弟子プラトンは、「イデア（idea）界というすべてが完全な真理の世界が天上にある。この世はそのコピーにすぎない。コピーだから不十分で不自然なのだ」と観念的なイデア論を展開しました。このプラトンが開いた学校がアカデミアで、ここで哲学を研究したのがアリストテレスです。

彼はそれまでのギリシア哲学を集大成し、最高真理を直観するテオリア（観想）の生活態度こそ人間の最高、最善の生き方であると考えました。このアリストテレスが家庭教師となり教えたのが、マケドニアのアレキサンドロスでした。アレキサンドロスが、ギリシアとオリエントを統合する壮大なコスモポリタニズムを考えついたのも、武力が強いだけの単なる征服者ではなかったからのようです。

『イリアス』のトロイの木馬

　哲学ではありませんが、ポリス社会以前のものとして伝えられる話がありあます。ホメロスという人が書いた叙事詩の『イリアス』や『オデュッセイア』です。西欧の子どもにとってこの物語は、日本人なら誰もが知っている『桃太郎』や『浦島太郎』といった昔話のようなものです。

　浦島太郎の話の「竜宮城」が本当にあると思っている人はいないと思いますが、西欧でも『イリアス』に出てくる「トロイの木馬」を信じる人はいませんでした。しかし何を思ったか、子どもの時この話に夢中になり、「トロイ」を捜すために生涯を懸けた人物がいました。それがドイツのハインリッヒ・シュリーマンです。貿易商で富を蓄え、語学を磨いて『イリアス』の研究をし、トルコに渡り遺跡発掘を始めました。苦労を重ねた末、おとぎ話と思われていたトロイを本当に見つけてしまいました。詳しくは、自伝『古代への情熱』を読んでみてください。シュリーマンの驚くべき才能と情熱に感動します。

5　ローマ世界

　ギリシアで第二次民族移動が起きていた頃、イタリア半島にもインド・ヨーロッパ語族の新たな民族がいくつも移動してきました。そのひとつにラテン人がいました。彼らはイタリア半島の中部のティベル川下流に移動定着し、そこに先住していたエトルリア人に支配されていました。エトルリア人はその文字が判読できないので民族系統不明ですが、アナトリア半島との関係があるらしく、その文化の高さに驚かされます。

　さて、ラテン人はエトルリア人から独立し、共和制を敷きました。しかし実質的にはパトリキ（貴族）が実権を握っていました。ギリシア人が半島南部に拠点を持って交易活動を行っていたこともあり、ギリシア文化の影響を強く受けていました。ローマ法の原点の十二表法などはアテネのドラコン成文法の模範にしています。プレブス（平民）の権利を擁護するためにおかれたのが護民官。当初は2名おかれました。リキニウス・セクスティウス法やホルテンシウス法は、この法律を設定した護民官の名前で

第1章　古代文明の形成　**15**

す。

　都市国家だったローマは異民族支配から脱すると、逆に周辺の異民族
（ローマ周辺では同一民族の別部族）と半島戦争を繰り返し、他民族を支
配するようになっていきました。その過程でその後のローマの特質が生み
出されていきます。征服地を支配するために、被征服民に対し「権利」の
段階的付与をおこないました。最上部には完全な市民権を持つローマ市民、
次に同盟市の市民、植民市の市民です。半島を征服すると、交易民だった
半島南部のギリシア人の西地中海の拠点も手に入れ、海上へと進出してい
きました。

　そこで新たに対峙したのが北アフリカで古くから交易活動を繰り広げて
いたカルタゴでした。カルタゴはフェニキア（Pheni cia）人の植民都市
でしたが、本国がペルシアに征服された後はここが拠点となり自立してい
ました。ローマは3度にわたり、カルタゴとポエニ（Pheni）戦争を交わ
し、西地中海の覇権を掌握します。このときカルタゴと同盟を組んでいた
東のマケドニアも滅ぼされます。

　その後、東地中海に力を持つセレウコス朝シリアやプトレマイオス朝エ
ジプトといったヘレニズム国家を次々に征服し、地中海周辺全域の支配を
達成します。そして、半島以外の広大な領域を属州と呼ぶ植民地としまし
た。

ローマにまつわることわざ

All roads lead to Rome.（すべての道はローマに通ず）
When in Rome do as the Romans do.（ローマではローマ人のするよう
にせよ＝郷に入っては郷に従え）
Rome was not built in a day.（ローマは一日にしてならず）

　実はこの属州がローマの命運を握ることになります。属州ではラテフン
ディア（大土地）を所有し経営するラテフンディウムが行われていました。
所有者は有力な貴族でしたが、元老院議員でもあるこうした貴族は、制度
上商業活動が認められていませんでした。したがって、それを肩代わりす

る騎士階級（エクイタス）が生まれました。徴税請負人であるかれらは現地へ赴き、ラテフンディウムの実質的経営者として君臨しました。

　属州が供給する安価な農産物や労働力としての奴隷はローマ市を潤す反面、ローマ市民である半島の中小自営農業者の経済活動を圧倒し、衰退させていきました。こうした市民は土地を安値で手放し、無産市民となり「パンと見せ物」（パンは食糧、見せ物とはコロッセオなどでの剣奴の戦いなど）を求め都市に流入し社会不安を高めました。彼らには市民権があったため、政治家のなかには媚を売ったり、私兵として雇ったりして勢力を広げ、国政を左右していきました。この時期はまさに領土拡大に伴う国内外での政治・経済・社会の血生臭い混乱期で、内乱の一世紀といわれています。この時代に功名を立て、名を馳せたのがユリウス・カエサルでした。

　内乱の1世紀を最終的に治めたのがアウグストゥス（尊厳者）ことオクタヴィアヌスです。かれがプリンケプス（元首）というローマの第一人者としての立場でプリンケパトゥス（元首制＝前期帝政）を始めました。この時代、実権を握っていたのは実質的には元首＝皇帝だったので、帝政といいます。皇帝（インペラトゥール Emperor）は、元は軍の最高指揮者のことを指しました。

パクス・ロマーナ

　それ以降は、以前ほど混乱が表立たなかったので、パクス・ロマーナ（ローマの平和）とよばれます。領域が最大となるのもこの時期です。

　帝国の安定は東西交易にも反映し、季節風を利用してエリュトラ海（紅海）からインド洋を経て中国南部にまでルートがあったようです。インド（中部）ではアンドラ王国サータヴァーハナ朝、中国では後漢のころです。

　内陸では東に巨大なアルサケス朝パルチアやのちにササン朝ペルシアがあったので国家的には対立していましたが、交易キャラバン隊は行き来していました。

　この時期、のちに帝国を揺るがす3つの要因が生まれます。

　第1はイエスの誕生。キリスト教が社会の底辺で苦しむ奴隷や最下層民から広まり始めます。

第1章　古代文明の形成／*17*

第2はゲルマン人が徐々に北方から流入を始めたことです。はじめは少数の平和的な移住でしたが、波状的、断続的に行われ、帝国領内の全自由民へ市民権が与えられた後の帝国内に新たな社会階層を作り出していきました。

　そして最後が、属州経済の自立化です。戦争がなくなり奴隷の供給がなくなったため労働力の不足が課題となっていきました。これを打開するために、没落した自由民や解放された奴隷をコロヌス（小作人）として利用するコロナートゥス制へ移行します。労働力が豊富であった頃は属州は相互補完的に帝国の経済を担っていましたが、それが人的にできなくなると経済が縮小し地方分立となっていきました。後の政治的混乱がこれに拍車をかけ、帝国分裂が起こることになります。

帝国の分裂

　五賢帝までの約200年続いたパクス・ロマーナから、軍が政治を左右する時代を経て、皇帝がオリエント的専制君主として支配するドミナートゥス（後期帝政）に移行します。絶対権力者として君臨する皇帝は、皇帝崇拝をも強要し、それを拒むキリスト教徒へは迫害を続けました。ゲルマン人の侵入が多くなると、各地で戦闘が起きそれを防ぐための軍事費が膨大になっていきました。属州が自立化し税収が見込めなくなると、都市へ重税を課すこととなりました。税に苦しむ市民が都市を離れてしまったため、都市は衰退していきました。この頃ローマ市はすでに衰退し、帝国の中心はニケーアやコンスタンチノープルといった東部に移っていました。

　帝国を維持するために様々なことが行われました。キリスト教の公認、国教化もそのひとつです。広大な帝国で頻発する出来事に対し、皇帝が一人では到底対処することができなくなり、分割統治が行われるようにもなりました。この分割統治の原則が476年にローマ帝国の西側と東側の明暗を分けることになります。

　西ローマ帝国はゲルマン人の大移動による社会混乱の中滅びましたが、東ローマ（ビザンティン）帝国はその後約1000年にわたり中世の封建国家として存続します。古代ローマの築いた様々な伝統はヨーロッパ各地で

古代ローマ帝国の最大領域（トラヤヌス帝治下98〜117年）

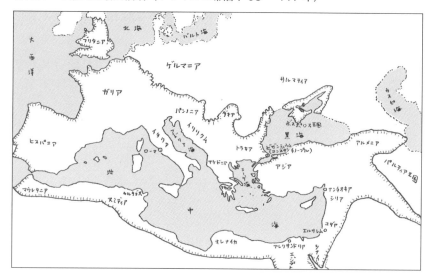

共有され、現代にまで引き継がれています。

　ローマ史の、社会制度や経済、国外状況によって国が変遷していく過程を見るのは大変に興味深いものです。ただ、様々な要素が複雑に影響しあっているので奥が深く簡単ではありません。「ローマ帝国の衰退」を考えることは、いつの時代でも、どこかの大国の衰亡を考える上で極めて示唆的です。もちろん今日の大国にも当てはまります。是非調べて考えてみてください。

 ## 世界史の疑問あれこれ

①昔のことがなぜ詳しくわかるのですか？　文字はどうして読めたのですか？

　文字を発明した人間は様々なことを記録に残しました。文字が読み書きできたのはごく一部の神官や官僚だけでした。彼らがかかわる事柄は国の政治や経済に関することでした。神官の占いも政治的な判断材料です。で

第1章　古代文明の形成　19

すから、その文字が読めさえすれば当時の状況がわかるわけです。

　エジプトのヒエログリフは神聖文字、民衆文字、ギリシア語が刻まれたロゼッタストーンが、楔形文字はペルシア語、アラム語、バビロニア語が刻まれたベヒストゥーン碑文が見つかりました。それぞれの言葉を比較対比することで古い文字を解読することができました。

　解読されると、残されている膨大な資料から歴史がわかるようになりました。しかし、クレタ島線文字Ａ、インダス文字、マヤ文字のように解読できないものあり、その歴史は今もわからないのです。

② 時間はどうやって計っていたのですか？

　日々の時間は、太陽の運行による日時計です。ただ、１時間とか30分とか厳密ではなく大雑把です。太陽の運行や月の運行による太陽暦や太陰暦が作られ、１年の周期が生まれました。おそらく海岸部では潮の流れや風の吹き方などで季節を区切ったのでしょう。少し時代が下ると砂時計や水時計のようなものが作られますが、日常的なものではありません。支配者は時間も支配しようと考え、時代に名前をつけ区切りました。○○王在位××年の時、などで、大化元年とか明治30年というのもこの類です。

③ なぜ歴史は戦争ばっかりなのですか？

　歴史には戦争がすごく沢山出てきます。人々の生活というミクロのレベルで見ると、残酷、悲惨……ということになります。学問として戦争を見ると、歴史的事象であり政治や経済問題を解決する為の一手段と見ることもあります。戦争はターニングポイントになることが多いので教科書にたくさん出てきますが、それにだけ目を奪われると歴史は見えません。戦争自体を見るよりもそこに至る原因やその結果、そしてその影響などに視点を置き、戦争の歴史的意味を考え、私たちが何を学ぶのかはそこから発展させていきます。どうしても悲惨なところに目がいきがちですが、それだけを見ていても戦争は決して減りません。減らせるかどうかは、将来の自分たちの手にかかっているということを歴史から学んで欲しいと思います。

④エジプトのピラミッドの魅力とは？

エジプトは日本ばかりでなく世界的に人気です。ギゼの三大ピラミッドが有名ですが、三角形ではありません。四角錐です。完璧な形が黄金比で作られているといいますが、あそこまで建築技術が発達するのに何百年とかかっています。建築失敗ピラミッドもあります。「古代エジプトの不思議」は、本でもネットでも相当詳しく載っています。一つひとつの疑問はそちらを当たって下さい。様々な説があります。中にはとんでもないものもありますので、鵜呑みにはしないように。一番いいのは、お金を貯めてエジプトに旅行し、自分の目で見ることです。本やネットでは味わえない感動が待っています。ピラミッドは言葉で表現できないほど壮大です。

⑤アテネの陶片追放（オストラシズム）で、政治家を追放できる6000票とは、市民の何％にあたるのですか？

前5世紀中頃の全盛期のアテネの人口が約30万人。これが人口の一番多かったときです。内訳は市民が18万人、奴隷が11万人で、他に在留外人がいました。参政権をもつ成人男子市民は4万人と言われています。この数字に対して6000票ということです。現在のリコールのように投票日を決めていたわけではないので、次第に反対票が溜まるということもあり、溜まった時点でアテネを追放されました。

⑥西ローマ帝国はゲルマン人の移動で滅びたのではないのですか？

厳密に言うと違います。ゲルマン人自体は100年以上かけ帝国に平和裏に移住してきており、帝国領域の住民となっています。滅亡の少し前から話します。

3世紀の後半ディオクレティアヌス帝は広大なローマ帝国の内政を秩序付けるために帝国を東西に分け、正副4人の皇帝により4分割統治をするようにしました。ところが、西の正帝が死去するとその子コンスタンティヌスが即位しましたが、異論を唱えるものが複数出てきて帝国に混乱が起きました。これを鎮めたコンスタンティヌス帝は帝国を統一します。ビザンティオンに遷都し、ここを「ノヴァ・ローマ（新ローマ）」と名づけま

第1章　古代文明の形成／21

世界の大宗教

	ユダヤ教	キリスト教	イスラム教	仏教	ヒンドゥ教
開祖	モーゼ	イエス	ムハンマド	ガウタマ・シッダールタ	バラモン教と民間信仰が融合
成立年代	前1280年ごろ	1世紀	610年ごろ	前6世紀ごろ	紀元前後
神	（同一の）神 （一神教）			なし。この世は法（ダルマ〈真理〉）が貫く	シヴァ、ヴィシュヌなど多神教
	ヤハウェ	父なる神・子なるイエス・聖霊（三位一体）	アッラー		
経典	『旧約聖書』	『旧約聖書』『新約聖書』	『クルアーン（コーラン）』	経典多数	聖典『リグ・ヴェーダ』他
教義	選民思想、立法主義・救世主思想	神への愛、隣人への愛、イエスを救世主とする。復活を信じる。	唯一神アッラーへの絶対帰依。六信五行、偶像崇拝禁止	四苦八苦から四諦・八正道を経て悟りからの解脱、カースト制度の否定	ウパニシャッド哲学、ヨーガなどによる業と輪廻の苦の世界からの解脱。カースト制の肯定

した。帝国内でのキリスト教を公認したミラノ勅令や、三位一体を教理とするアタナシウス派を正統としたニケーアの公会議を開いたのも彼です。

　しかしコンスタンティヌス帝の死後、分割統治の意識は残っていたため再び分割統治されることになります。その後帝国の各地で再び内紛が起こり、ゲルマン人の帝国内への移住も目立つようになります。4世紀キリスト教を国教化させたテオドシウス帝が一時的に東西を統一しますが、死後再び分裂しました。西では異教徒でもあるゲルマン諸勢力が帝位を簒奪するなど不安定な状況がつづき、西ローマは帝国としては維持できなくなっていました。ゲルマン出身の西ローマの傭兵隊長オドアケルが、ロムルス・アウグストゥルス帝を廃し、帝位を東ローマ皇帝に返上し、自らはイタリア王に即位しました。オドアケルは元老院などローマの統治方法残しましたが、その後だれも皇帝が擁立されることがなかったので476年西ローマ帝国滅亡ということになります。

　ちなみに、東ローマ皇帝ゼノンは、東ゴート王テオドリックにオドアケルの討伐を命じ、これに成功したテオドリックにイタリア支配を許したので、イタリア一帯は東ゴート王国となりました。

第2章 中国の古代

1　中国古代文明

　中国史は黄河文明から始めます。というのは、黄河文明がやがて都市国家「邑」を発生させ、それが拡大し王朝へとつながると考えられているためです。

　彩陶（仰韶文化）、黒陶（竜山文化）の文化圏の混在する地域に殷という伝承の王朝の遺跡が発見されました。20世紀の初め甲骨文字の書かれた遺物出土地（河南省安陽市郊外）を発掘調査して、甲骨文字の記載によりそこが殷の都（殷墟）であることが確認されました。これで司馬遷の『史記』の記述が真実であったことが証明されました。中国では商とも言われています。それ以前の夏の存在も推測されています。

　しかし、考古学的な発掘が進むに従って、広大な中国には黄河流域以外にもそれに匹敵する文明があったのではないかと考えられるようなっています。その一例が、長江下流の河姆渡遺跡です。紀元前4000年以上前から稲作農耕が行われ大集落があったようです。また最近、上流の四川省の三星堆で大変高度な青銅器文明が発見されました。黄河流域では竜山文化の後半で、まだ金属器が使われていなかった頃のものです。以前から殷王朝が南方（長江流域）と交易をしていて、南方との関係が強かったといわれていたのですが、祭器に使う重要な青銅を作る技術を三星堆やそれ以降の南方文明から導入したのではないかと考えられます。

　これから考古学調査が進めば、近い将来、長江文明の全貌が明らかになっていくことでしょう。

第2章　中国の古代／23

漢字の誕生

「歴史」とは、天の動きを書き留めるという意味です。中国では占卜のために文字を創りました。亀の甲羅や鹿の肩胛骨に文字を刻み、火箸を裏から当て、表のひびの入り具合から吉凶を占いました。王や神官が様々な問題をこのようにして処理していました。文字は天（神）の意志を尋ねる重要なもので、一部の者の独占物でした。その便利さが功を奏し、統治のために使われ始めたのです。象形文字から始まり、抽象的な意味を表すために複合したり、音を表す記号が創られたりし、その数を増やしていきました。

漢字がどこで生まれたかは不明です。竜山文化後半頃に原型ができたとも言われますが、長江流域にも何かあったようです。少なくとも殷王朝は、甲骨文字（漢字）を独占的に駆使していました。当時は中華民族（華人）というようなまとまりもなければ、言葉も今以上にバラバラだったと考えられています。長江流域には今のヴェトナム人やタイ人の祖先が居たようですが、北方にも様々な民族がいました。言葉の違うもの同士でも、たとえば「◇＜」と書けば魚を意味するので大変に便利だったのです。人々は意思疎通の方法として文字の有用性に目覚め、それを使えるようになりたいと考えたのでしょう。漢字は記号化され、偏や旁の組合せや表意や表音を表す部首などルールを作っていきました。こうして漢字は普及し、地方的なバリエーションも生まれていきました。のちに統一字体を作ったのは、秦の始皇帝です。

中国史で漢字を重要とするのは、このように中国文明自体が漢字を用いることによって発展してきた経緯があるためです。日本も漢字文化圏の中で古代から生活を続け、現在の文明を築いてきました。漢字なくしては成立しなかったのです。中国の新聞も、漢字をたどれば何となく意味がわかるのも漢字文化圏にあるからで、私たちの有利なところです。

2 王朝の変遷

中国史は20世紀に至るまで王朝の交代の歴史ととらえることができま

す。現在確認されている最古の王朝殷から清朝まで、いくつもの王朝が建国され滅んでいきました。その中には正統な王朝とされるものから地方政権に至るまで様々ですが、ヨーロッパの王朝史などとは違い、王朝が誕生するときには民衆反乱が起きるというのが原則的に見られます。これは中国に古くからある「易姓革命」という考え方によるものです。もともと地上の統治者（皇帝）は、天からの意思（天命）により選ばれ任されていると考えています。干ばつや洪水などの天災が頻繁に起こり、社会不安が高まって、人々の生活がひどくなるというのは、天が任せていた統治者（皇帝）をもはや資格がないと見放し、新しい皇帝を選ぼうとしているからだと考えました。民衆は天命に見放された政権を倒し、新しい指導者の登場を準備することとなります。これが王朝末期に起きる農民（民衆）反乱です。この混乱の中から（結果的に天命を受けた人とされる）一人の人物が現れ、新しい王朝をはじめます。これが「易姓革命」、「（天）命」が「革（あらたまり）」、皇帝の「姓」が「易（かわる）」ということです。ヨーロッパの革命（revolution）は、王を倒し、今まで支配されていた階級が今度は支配者階級になるという階級転換ですが、中国は階級の転換は起こらず、民衆の中からでてきた人物が新たな支配者となり、民衆は被支配者のままです。

　またこのとき、「禅譲」が行われるのがよいとされます。天の意思によって変わるのですから、平和裡になされるのがよいわけです。代々受け継がれている御璽（皇帝の印）の引き渡しがなされ、皇帝が変わったことが宣言されます。平和裡といってもほとんどの場合全土で反乱が起きているのですから、実態は、御璽（皇位）を力ずくで奪うのではなく、剣を突きつけても殺さずに前帝に譲らせる、というぐらいのことと考えておきましょう。これに対し完璧に武力だけで奪うことを「放伐」といいます。以上のことをまず頭に入れ、王朝系譜を見てみましょう。

　殷（中国では商ともいう。殷の前に夏王朝があったとされ、考古学的にはその可能性が示唆されてるが、まだ決定的証拠は出ておらず、正式な王朝とするにはあと一歩）→周（周は都が鎬京にあったときを西周、洛邑に

移ってからを東周という。東周時代は春秋戦国時代と重なる）／春秋戦国
→秦→漢→三国（魏・呉・蜀の三国が鼎立し、漢の正統な後継者を主張し
あっていた）。→晋（魏を受けて成り立ち、全土を統一する。洛陽に都が
あったときを西晋、異民族に追われ建業に遷都してからは東晋。東晋時代、
華北（黄河流域）では五胡十六国が乱立。五胡とは５種の異民族、匈奴・
鮮卑・羯・氏・羌のこと）。→南北朝（五胡の系譜から鮮卑族が北魏を建国。
北魏とそれが分裂してできた４王朝が北朝。東晋を受け建業のち建康に成
立した宋・斉・梁・陳の４王朝が南朝）。→隋→唐→五代十国（唐を受け、
正統を主張する五代（後梁、後唐、後晋、後漢、後周）が華北を占め、そ
の他十国が地方に割拠）。→宋（開封に都があったときを北宋、遼（契丹人）
や金（女真人）に華北を支配され、遷都し臨安を都にしていた時代を南宋
という）。→元→明→清

> 殷周時代（統一）→春秋・戦国（分裂）→秦漢帝国（統一）→魏晋南
> 北朝（分裂）→隋唐帝国（統一）→五代十国（分裂）→宋・元・明・
> 清（統一（漢異漢異））

　安定し一つにまとまっていた時代を括ると、殷・（西）周、秦漢、隋唐、
宋元明清となり、分裂していた時代は、春秋戦国（東周）、魏（三国）・
晋・南北朝、五代十国です。つまり、中国王朝史は統一と分裂の繰り返し
であることがわかるでしょう。宋～清は漢民族・異民族の王朝が交互に交
替に入れ替わりました（元がモンゴル人、清が女真人）。
　分裂期には各地で様々な富国強兵策により国力を高め、統一を志し、や
がて一つの国に統一されると、全国へ統一的な政策が展開され、外へも膨
張していきます。このパターンを把握していると、個別の制度を混乱する
ことなく、理解も深まります。

3　王朝の制度

　政治史の流れはわかりやすいのですが、経済の動きは世界史の教科書を

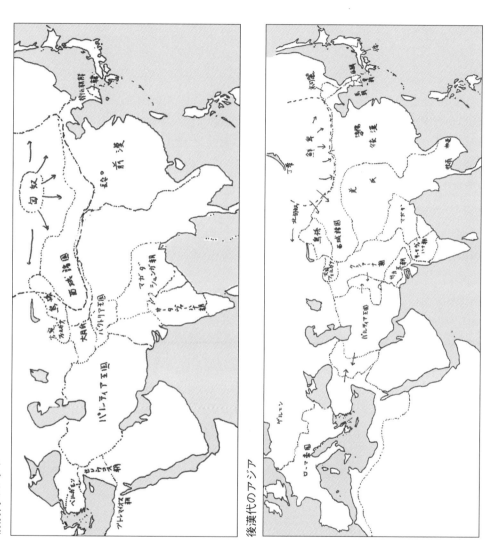

読んでもなかなかつかみ切れません。基本は「土地は誰のものか」ということと、「どのようにして税金を取るか」ということを押さえてください。

　周の時代は諸侯や卿・大夫・士に土地を与え、農民は土地の付属物と考えていました。土地は常に有力者によって所有の対象となり、大所領を形成しました。歴代の王朝はこれを防ぎ経済力を押さえようと躍起になりました。王朝は農地を与え税を取ることによって成り立っていたので、他の勢力にそれが阻まれてはならなかったのです。

　土地を国有化し農民に貸し与えた典型的な例が均田制です。これに伴う税の徴収方法が租（穀物）、庸（労役）、調（絹・麻織）制度です。戸籍に基づいて土地を配分するので、府兵制（徴兵）も可能だったのです。しかし、税が重くなると農民は免税特権のある貴族などに土地を寄進してその保護下に入り、重税から逃れてしまいました。土地が貴族のものになっても、農民はいくらかの貢ぎ物をすれば昔のまま居られたのです。有力な貴族などは大土地を所有しました。このような状態が唐末の荘園制です。

　王朝は税も入らず兵も集められなくなったので、改革をおこない、土地資産の額に対応させ現地で直接農民から税を徴収する両税法と、兵を募集し雇う募兵制に改めました。歴代の王朝の政策を、その時代背景を押さえて理解していくことが大切です。ちなみに、両税法は夏秋の２回税を銭納させたことに由来する名称です。

4　北方遊牧騎馬民族

　中国王朝の最大の敵が、北方の遊牧・騎馬民族です。現在のモンゴル高原には、トルコ系、モンゴル系がおり、少し西にはイラン系遊牧民族が広く分布していました。中国との関係では、最も古いところでは犬戎という民族が周の都鎬京に攻め込み、周を東に追いやりました。その後、匈奴が現れます。春秋戦国時代、北の方の国々は匈奴が攻めてこないように長城を築きました。秦の始皇帝がこれらをつなぎ合わせ堅固なものにしました（戦国時代、西方の秦が強力になった背景には、こうした匈奴などの北／西の異民族の力をうまく吸収利用したからだと考えられます）。

劉邦は漢建国後、冒頓単干のころの匈奴と交戦し惨敗を帰します。前漢第6代皇帝の武帝時代の遠征で初めて勝利します。その後も匈奴は強かったので懐柔策などを行使し、分断による弱体化を謀ったりもしました。最後まで強力だった北匈奴も耐え切れず西方に走りました。これがゲルマン民族の移動の原因になったボルガ・フンではないかともいわれます。匈奴は「きょうど」ではなく"hund"と発音されるようです。匈奴の民族系統はトルコ系、モンゴル系諸説あり不明です。

武帝は匈奴と挟み撃ちしようと西のイラン系（？）の月氏と結ぼうと張騫という人を派遣しますが、失敗します。しかし、このとき西方の諸国に漢が大きな国だと知れ渡り、漢との交易が始まります。これがシルクロードの始まりです。このときに月氏は西のソクディアナに移っていて、大月氏という名になっていました。のちにここの諸侯が独立し中央アジアから北インドでクシャナ朝を起こします。

後漢末期からに華北には五胡という、5つの異民族が割拠します。（南）匈奴、羯（匈奴の分派）、鮮卑（モンゴル系）、氐（チベット系）、羌（チベット系）です。その鮮卑が力を持ち拓跋氏が北魏王朝を建国する。鮮卑が中国に行ってしまった穴を埋めるように勢力を広げたのが、モンゴル系の柔然とトルコ系の高車です。トルコ系は柔然の支配下にいますが、鉄生産を握っていた強みから力を蓄え強大化します。隋・唐時代に悩ます突厥やウイグルがこれです。突厥も「とっけつ」ではなく"turket"と発音します。まさに「トルコ」です。彼らは唐王朝に頻繁に攻撃され分裂し、一部は唐やウイグルに吸収され、他は西に移動します。唐後半に北方を占めるウイグルも同様で、一部は西に移動し、他は中国に吸収されます（現在は新疆にウイグル自治区を作っています）。西走したトルコ民族はやがてトルコ系イスラム王朝を建て、イスラム教の擁護者セルジューク朝や現在のトルコのもとになるオスマン朝が東地中海を支配する大帝国を築きます。

トルコ系のいなくなった北方はモンゴル系の独壇場となり、「モンゴル高原」と呼ばれるようになります。遼を建てた契丹人やチンギス＝ハンのモンゴル帝国が支配権を握ります。そして最後に現れるのが、東北部に位置するツングース系の女真人（満州人）です。かれらは半農半漁の民族で、

遊牧民ではありません。朝鮮の高句麗や渤海を作ったのもツングース系でした。遊牧民族の支配下に入れられながらも長い間中国文化を吸収していたことが、力を蓄える要因となっていました。金や後金（のちのに清となる）がこれにあたります。

　以上、北方の諸民族を概観しましたが、中国王朝の歴史には欠くことのできない相手で、敵というだけでなく味方としても関わり、かれらが中国に同化されたことで、それ以前の中国とは異なる中国になったともいえるのです。隋や唐という典型的な中国王朝だと思っているものが、その系譜をたどると鮮卑族の将軍にたどり着くというのも興味深いものです。異民族との関係が中国史を一層面白くさせているのです。

中国史で使われる歴史用語あれこれ

〈皇帝の呼び方〉

　「皇帝」という名称を最初に使ったのは秦の始皇帝です。それまでは王の称号を使っていましたが、地上界をすべて統治するものを称号として創始されました。これが後代まで引き継がれていきます。欧州の皇帝とは意味が異なります。

　後漢を復興させた人は劉秀です。この人はよく「光武帝」と呼ばれます。光武帝は倭の奴国王に金印を送ったことでも知られ、それが福岡県の志賀島で発見されていて、日本とのつながりも大きい皇帝です。

　劉秀とは、劉という家の秀という名の人のことで、どこにでもいそうな人物の名です。これに対し、光武帝というのは他にいません。このように皇帝には太宗とか武帝などのように○宗や○帝という呼び名があります。実名はもちろんあり、漢王朝なら姓は劉、名は邦とか秀などがつきます。唐なら姓は李です。○○帝という呼称は、皇帝が死んで付けられる諡というものです。例えば漢を建てた劉邦の場合、王朝の開祖を意味する「祖」の字をもらい「高祖」とします。劉秀は後漢を建てたわけでなく、正確には漢を復興したわけですから、一般の皇帝と同様に○○帝となりました。

　明代になると永楽帝から一世一元の制がはじまるので、諡に治下の年号

（永楽時代）を付け、成祖永楽帝と呼んだりします。今の日本でも、天皇のことを生きているときは今上天皇とし、崩御されると治下年号を諡とし、昭和天皇というように呼びます。

〈冊封と朝貢貿易〉

　中国には中華思想と言われるものがあります。中心に優れた文化の華が開くという考えで、周辺民族などからの優越を意味します。歴代の統一王朝の皇帝は、諸国の王や部族長を臣下として封じる手続きを行い、中国王朝を宗主とする君臣関係的な外交を展開しました。これが冊封体制というものです。日本も遣隋使・遣唐使という形で中国王朝とこの関係を持ちました。この関係のメリットは、君は臣の面倒を見るという大前提があり、臣は少しの貢ぎ物を持って朝廷に挨拶に行けば、君から莫大なお土産をもらえたことでした。これが朝貢貿易というもの。王朝はこれ以外の貿易を認めなかったこともありましたが、関係国からすれば、濡れ手に粟だったのです。

〈外戚とは〉

　王朝を揺るがす大きな要因として、「外戚」があります。外戚とは皇后など皇帝の配偶者の親族のことです。中国皇帝の配偶者には冠位があり。上から「皇后」「妃」「嬪」「媵」「女嬙」となります。唐の玄宗のとき寵愛を受けた楊貴妃は楊一族出身の「（貴）妃」という意味です。このときも外戚が猛威を振るいました。皇帝の配偶者ばかりでなく、父である皇帝が死んでしまって、その子が幼くして皇帝が即位したときなどは、その母である皇太后（前皇帝の皇后）の親族が、幼い皇帝の祖父、伯父、叔父という地位を利用することもあります。これも外戚にあたります。

　外戚は単に皇帝との親戚関係を示すもので、悪者ということではありません。皇帝がしっかりしているときは政治に口を出せないのですが、皇帝が幼かったり、不甲斐なかったりすると、そこにつけ込んだ者がいたわけです。一族の娘が皇帝の寵愛を受ければ、権力は握れなくとも相当に裕福になれたのは確かで、それを狙って自分の娘を磨いて玉の輿に乗せようと

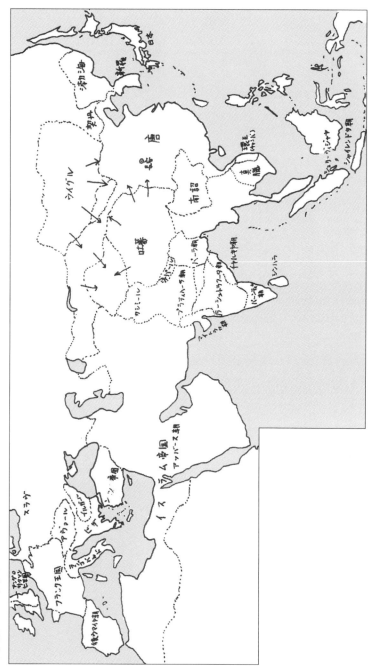

8世紀のユーラシア

した親はいくらでもいたわけです。日本でも平安貴族の藤原氏などがこれにあたります。

〈節度使と藩鎮〉

　節度使とは、唐王朝が辺境の防衛のために配備した国境警備隊の指揮官のことです。任されたのはその地域の有力者で王朝に従う者です。異民族の部族長などが多く、安史の乱（安禄山と史思明の乱）後は国内の治安維持のためにも配備されました。この節度使が統括する軍事機関が藩鎮です。王朝が弱体化すると目が届かず、節度使は軍事力を背景にその地域の政治（民政権）を左右し経済力（財政権）も強めていきました。その結果、藩鎮は王朝（中央政府）の言うことを聞かなくなり、半ば独立した状態となりました。

世界史の疑問あれこれ

① **中国史は漢字が難しい⁉**

　現行の世界の文字の系統は、エジプトのヒエログリフと漢字の2系統しかありません（独立したハングルを除く）。日本のひらがな・カタカナも、漢字を簡略化させ表音文字としたものです。漢字文化圏の人口は14億人です。

　世界史で出てくる漢字はそれほどありません。見たことのないの漢字が急に出てきてもなんとなくわかるのは、私たちが漢字に慣れ親しんでいるからです。匈奴の匈の字は初めてでしょうが、月を付ければ胸です。魏だって、委に鬼ですね。かつてヴェトナムも漢字圏でしたが、漢字の使用を止めてしまいました。その結果、自分の名前がグェンでもNguyenと書いているので、漢字で「阮」と書くことも知らないという人がいたりします。韓国では戦後ハングル化政策を行いましたが、漢字の有用性ゆえに漢字教育もしています。

② **人名、民族名、国名、都市名の区別がつきにくい！**

確かにそういうところはあります。教科書など書物では、字面だけ見るとわからなくなります。でも、ほとんどは文脈から判断できます。単語を追うだけでなく文章読解を心掛けましょう。匈奴や柔然、突厥のように民族＝国名のようなことも北方遊牧民にはあります。王朝は、先述したように、区分すれば王朝名であるかどうかの区別がつきます。

皇帝の名については、生前の功績などで「○○帝」とか「○宗」と区別されるわけではなく、基準は特にありません。「祖」は初代だけでなく、大きく国を変革した人にも当てることがあります。太宗とか武帝と同じ諡がついている人が複数の王朝にいるので、区別するためには王朝名をつけて「漢の武帝」などと言います。

③王朝の名前はどのようにして決まるの？

中国の人名では苗字は1字が基本です。国名も1字が基本。ネーミングの理由は、漢のように劉邦が漢中王に任ぜられたことに由来するものもありますが、不明なものも多いです。前漢・後漢は、漢という国を時間軸で歴史家が便宜上分けた通称名。西晋・東晋も都の位置から地理的に便宜上分けた通称名。大唐と使うのは唐を強調しているだけです。北魏は本来の名は魏、しかし三国の魏と区別をつけるためこうしています。南北朝とか五代十国の国々を細かく見ていくと、同じ国名があります。以前盛んだった王朝にあやかりたいとか、建国者が○王朝の家と同姓とか、昔この地にあった○王朝を復興したとかいう理由もあります。

④仏教は儒家や道家とは違うものなのですか？

違うものです。仏教はインドのゴーダマ・シッダールタが開いた宗教です。シルクロードを通って紀元前後に漢の時代に中国に入ります。儒家は孔子、道家は老子が春秋時代に説いた思想です。全部始まりはBC6世紀ころです。儒家は道徳的規範として発展し儒教とされ、国の規範に用いられたりもします。研究がなされ儒学という学問にもなります。徳川幕府が官学とした朱子学も、宋代に朱熹が始めたものにあたります。道家はもっぱら民間信仰として発展していきます。不老不死や桃源郷の伝説は有名で

す。この思想は古代日本にも伝わっています。桃太郎が入っていた桃は、桃源郷から流れてきた桃なのでしょう。

⑤ 万里の長城を作るなんてすごい！

　敦煌近くの玉門関から渤海に面する山海関まで、約3000キロあるといわれます。支線が何本もあるので計り方により長さが違います。始皇帝は中国を統一後、北部の国々が対匈奴対策で作っていた長城を修復増築して一つにしました。

　当時の技術は、土を込めた木箱を何個も重ねて基礎とし、その上をまた土で固めるというものです。簡単にいうと高い土塁で、高さが3～5メートルしかありませんでした。馬に乗る遊牧民の移動を阻止すればいいのですから、馬が超えられない高さであればよかったのです。蒙古馬はサラブレッドみたいに大きくありません。写真でよくみる堅牢な長城は、モンゴル帝国の元を北方に追いやった明が15、6世紀に修復補強したものです。西域の方には古代のものが残っています。

⑥ 匈奴はそんなに強かったの？

　北方遊牧民は馬という機動力があるので、有能な指導者が出ると部族連合体が形成され、組織的に行動するようになります。かれらは放牧しているだけでなく東西交易を担っているので、経済的にも大きくなります。中国王朝が強力なときは手が出ないのですが、弱体化すると反転します。記録には、遊牧民は恐ろしいというイメージが残されていますが、それはすべて中国側による記述です。遊牧民は広域をローテーションしながら放牧に利用していますが、中国の農耕民が放牧の休閑地に入り込み勝手に農地に変えてしまいました。戻ってきた遊牧民が怒って追い出すというのが恐ろしさの原因です。長城を作って入ってこないようにするというのがいかに一方的なものだったかは、遊牧民の視点に立てばわかります。

⑦ 宦官と官僚とはどう違うのか

　宦官は去勢された男性です。科挙のような試験によって登用されたエ

第2章　中国の古代／35

リート官僚ではなく、去勢することで登用され宮廷に使えました。皇帝の側近として私生活全般の面倒を見ます。皇帝の近くにいるので政治的な力も持ったりしました。何千人と抱えていた王朝もあります。身体的なハンディ（ホルモンバランスなどが崩れる）を持っているため仲間意識が強く、権力を握ると収拾がつかなかったこともあったようです。日本にはこの制度は入りませんでしたが、中央、西アジアの帝国では珍しくありません。馬を去勢する習慣のある遊牧民的な文化だともいわれます。

⑧遣唐使も朝貢貿易のひとつだった？

　遣唐使自体は貿易ではありませんが、朝貢貿易に大きなウエイトがあったことは確かです。

　中華の王朝は外交では柵封体制をしき、周辺の未開人（北狄、東夷、南蛮、西戎）を王朝体制に組み込もうとしました。朝貢貿易とは王朝に従う意を示す諸王がご機嫌伺いに行き、施しをもらうという形態で行われた貿易です。王朝は懐柔目的でしたが、諸王側は政治目的もさることながら、新しい文物が手にはいる経済行為と捉えていたとする方がいいかも知れません。一般的に歴史の本はエリートの遣唐使のことを念頭に書かれていますが、下働きの船乗りが当然相当いたので、実際は民間交流も盛んだったのです。歴代王朝との貿易は基本的には朝貢貿易でしたが、自由交易もありました。

⑨租庸調は今でいう税金と同じようなもの？

　まさに税金です。唐代までの庶民は農業しかしていないので（漁業、狩猟もあるが比率は少ない）、農作物を中心に納めました。納め方も貨幣経済の規模が小さいうちは物納です。唐代後半の両税法施行から銭納となります。租は主食になる穀物（稲、小麦他）地域により異なります。調は絹、麻、他地域特産物、庸は公共事業の労働参加（貨幣代替可能）です。

　日本にも律令制（法律）、均田制（班田収授）とともに導入されました。東京の「調布」という地名は、調として布を納めていた地域だったことに由来します。

第3章 中国の中世・近世

1 五代十国の時代

　黄巣の乱で瀕死状態の唐に止めを刺したのが、卞梁（のちの開封）の節度使朱全忠です。彼が建てた後梁から後唐・後晋・後漢・後周の五王朝が五代です。五代の「後」は慣例で「こう」と読みます。このうち真ん中の3つは沙陀突厥（トルコ系）の武将が建てました。これら華北に建てられたものは正統な王朝を次ぐという意味で五代とされますが、実質的には華中、華南に藩鎮勢力が建てた十国と変わりません。

　後唐を除く五代の4国が卞を都とし、その後の宋もここに都を置いたのは、ここが経済の中心、交通の要衝であったからに他なりません。

2 宋（北宋・南宋）

　唐末五代の政治的動揺は中国社会を混乱させましたが、外交的には宋代に入っても以前と変わりませんでした。中国が動揺すると周辺民族が活発化します。この時は北西のチベット系タングート人の西夏や北方のモンゴル系契丹人の遼、東方のツングース系女真人の金、やがてこれらを支配したモンゴル帝国によって伝統的中国の領域は侵され、征服王朝が成立しました（征服王朝とは、固有の領域を保持しながら、中国の一部または全部を支配した異民族の王朝のことです。かつてあった鮮卑族の北魏は、固有領域を捨て中国に入ったので征服王朝とは呼びません。最も巧妙に支配を行ったのが中国最後の王朝、女真人（満州人）の清王朝です）。

　唐末に節度使（藩鎮）が軍事的に自立し、帝国分裂状態になってしまった轍を踏まないように、宋は文治主義を採り皇帝の意志を実行する文人官

吏を各地に配置しました。官吏になるには科挙を受け、「殿試」という皇帝が直々に行う最終面接試験を通らなくては合格しなかったため、合格はすべて皇帝のおかげと考え、忠誠を尽くすようになりました。ただ、殿試は初めの数回実施されただけで、後は合格祝賀会で皇帝と話せた程度のものだったそうです。いずれにしろ、仕事量が増大し、官吏合格者は増加し人件費がかさんでいきました。また、異民族との戦闘を回避するため、異民族への毎年貢ぎ物を送り平和を保ちました。この歳費も国家財政を圧迫していくことになりました。

3 社会・経済史

唐末以降の社会は、政治的には異民族の侵入といった荒々しい動きが目立ちました。経済もこの時期に質的な転換が行われていきます。政治史のように動きがはっきり見えないためこの分野はとらえどころがないのですが、社会や経済の変化は政治を動かし新しい時代をもたらす原動力となっていたと考えなければなりません。

唐末の混乱で、宮廷に住む貴族は経済的基盤である各地の荘園との関係を分断され、没落していきます。その土地を手堅く集め大所領を形成していく新興地主階級が生まれました。彼らは生産活動や商業活動などを通じて経済力を蓄え、没落貴族の荘園をまとめ奴隷的な小作人である佃戸を使用した大土地経営、佃戸制をおこないました。佃戸は、もとは貴族の荘園で農作業をする小作農でしたが、土地から離れられないため新しい地主のもとでは身分的に劣勢に置かれ、形勢戸といわれる地主に従属を強いられるようになっていきます。時代が経つと佃戸の性格も変わり、明清時代では自立していきます。そして、土地を持っている自営農も相応の税負担が掛けられ、これに耐えきれない農民は土地を捨て流浪民となり社会動揺を引き起こしました。

江南では南宋時代に中国の中心になったこともあり、開発が進み占城米という早稲の品種の栽培が始まり二期作（南部は三期作）も行われ、収穫量が飛躍的にのびました。華北でも唐以降の技術進歩により生産がのびて

います。穀倉地帯について次のようなことわざがあります。

宋代：蘇湖（長江下流の蘇州と湖州）熟すれば天下足る
　　　江浙（長江下流の江蘇と浙江）熟すれば天下足る
明代：湖広（長江中流の湖北と湖南）熟すれば天下足る

　開発により穀倉地帯が移動して行ったのがわかります。

商業活動の発展

　この時期注目すべき点は手工業の発達で、絹織物や茶などが農家の副業として盛んに作られました。明代の穀倉地帯の移動も、これら商品作物が長江下流域で盛んに作られるようになっていったためです。明代の社会経済の中心地は長江下流域となります。景徳鎮の陶磁器生産も発展し、海外へも輸出されるようになりました。陶磁器といったら景徳鎮というほど今も有名です。

　このように生産が増えると商業活動もますます活発になり、宋代には商業は市以外のところでも許されるようになり、自由な取引が行われ、小交易場草市が発達し、各地に鎮や市といった商業都市が発展しました。

　北宋の都、開封（ト）や南宋の臨安（のちの杭州）は、それ以前の王朝の都とは違い、政治都市ではなく商業都市の色彩が強いものです。地図を見れば、両方とも交通の要地に位置しているのがはっきりとわかります。

　都市では権利擁護のため産業別同業者組合が作られました。商人の組合を「行」、手工業者のを「作」といいます。ちなみに当時、貨幣として流通していた銀を両替するような商人組合のことを「銀行」といいます。

　塩、茶、米、絹などは大商人による大規模な取引も行われました。明清時代になると商業取引は益々発達し、全国的規模で活動する商人も現れます。山西商人や新安商人といったグループは、今風に言えば企業家集団といえるでしょう。海外との取引も絶えることなく、唐宋時代は朝貢貿易が中心でしたが、元の支配化ではユーラシアに広がるモンゴル帝国の形成により自由に行き来ができ、商業活動は盛んになりました。ただこのときの担い手は中国人ではなく、内陸は中央アジアのイスラム教徒であるソグド

人が、海上貿易もイスラム教徒の大食（タージ）と呼ばれたアラビア商人
（？）などによって行われていました。

　明代では朝貢貿易が復活しました。明の鎖国政策や朝貢貿易のような制
限交易に反対する商人たちは、勝手に海外にでて拠点を作り貿易活動を
行っていました。このように海外に出て活動する人々を華僑といいます。
明代後半、鎖国政策（海禁）は崩れ、清代では広州など4カ所に海関をも
うけ特許商人（公行）に貿易を任せました。

　商業活動の発展は貨幣経済の発達も促し、唐代以来大規模な取引には手
形取引が始まり、宋代には紙幣として流通するようになります。北宋では
交子、南宋では会子、金・元では交鈔が使われました。しかし、その便利
さから、財政的裏付けなく浪費のため紙幣を印刷してばらまいたため、金
や元ではインフレーションを起こし経済が大混乱しました。

　元代から銀が主要通貨として使われるようになり、明代以降は広く流通
することとなります。日本銀やヨーロッパ人がもたらすメキシコ銀が大量
に流入すると、納税にも銀を用いるようになります。明後半には両税法に
替わって地税と人頭税を一緒にまとめて銀納する一条鞭法が施行され、清
代中頃には人頭税を地税に組み込んでしまい、実質的に人頭税は廃止した
地丁銀制に移行しました。

4　政治史

　征服王朝が支配していたときは、少数の支配者と多数の被支配民（漢
人）という構造で支配するので、漢民族が冷遇されていたと考えられます。
遼・金・清では征服民と漢人の二重統治体制、元では帰順別民族皆戸制
（モンゴル人を頂点に色目人（西域のイスラム教徒）、華北の漢人、華南の
南人）を基本としました。

　皇帝権力を強めるのも宋代以後の特徴です。三省のうち宋代に詔勅の審
査をする門下省が中書省（詔勅の起草機関）に吸収。元代に尚書省（六部
統括の行政機関）が中書省に吸収され、六部が中書省に直結します。明代
に中書省が廃され、皇帝の意志が直接六部で実施されるようになります。

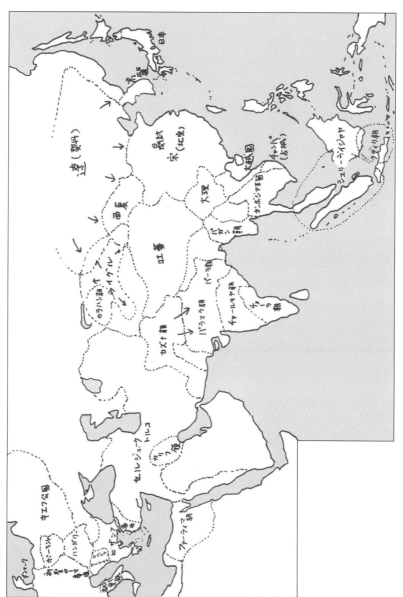

11世紀のユーラシア

第3章 中国の中世・近世 / 41

明代後半に重要政務は内閣大学士に任され、清の雍正帝のとき軍機処（もとは軍事行政）が最高機関となりました。清代に新領土となった藩部を統括管理したのが理藩院です。

5　元・明・清時代

　国名の字面だけ見たのでは区別がつきにくいので、その特徴をつかまえましょう。大雑把に言うと、元と清は漢民族の王朝ではありません。元はモンゴル（蒙古）人の寄生王朝、明はモンゴル人を追い出して作った漢民族復興王朝、清は女真（金）の再来王朝（後金）です。

　さて、もう少し詳しく見ます。北方遊牧民は、匈奴の昔から、遊牧の他に交易（南北・東西）と商隊警護がその生業になっています。モンゴルもその例に漏れません。有能な指導者が現れると交易活動が活発になります。莫大な経済力を手に入れられるからです。チンギス＝ハンはモンゴル高原の覇権を握った後、シルクロードを押さえに行きます。そして、商業ルートだけではなく、領域的に征服して初めて、交易以上に効率よくしかも無限の富を生み出す農耕地の地域経済の存在に気づくわけです。そこでその富を吸い上げる仕組みを作り上げ、モンゴルはパラサイトぶりを発揮します。

　一番巧みだったのが元で、フビライ＝ハンは、銀本位制（流通は交鈔紙幣）にするとともに、色目人（イスラム教徒）の徴税請負人に厳しく取り立てをさせました。しかし政治的には、儒学は旧支配者の理念だったため弾圧しましたが、大地主の佃戸制や庶民生活には干渉しませんでした。モンゴル帝国の大ハンのフビライは、中国銀を他のハン国に分配することでユーラシア各地の４ハン国（オゴタイハン国、チャガタイハン国、キプチャクハン国、イルハン国）をつなぎ止め、モンゴル帝国を維持しました。

　しかし、王朝内部の混乱により、インフレ・経済混乱が発生し、宗教結社が発端となる紅巾の乱が起き、蒙古高原に追われます。これで元が滅んだわけではありません。北に退いた元を北元といいます。その後モンゴルは北方遊牧民国家に戻りますが、オイラート部やタタール部の勢力が巨大

化し、頻繁に明に侵入することになります。明はそれが悩みで、現存する万里の長城のような堅固なものを造りそれを防ごうとしました。

江南から生まれた統一王朝・明

さて、明は100年ぶりの漢民族復興王朝ですが、江南（長江流域）から誕生した統一王朝ということが重要です。今までの統一王朝はすべて黄河流域に建国されたものでした。これは長い中国史の中で初めて、江南の経済力が華北のそれを上回ったことを意味します。特に宋以後の農業や商業などの経済の発達がめざましかったわけです。

明を建てた朱元璋（太祖、洪武帝）は王朝復興にあたり、国内的には皇帝権を強化するため中書省を廃止し、すべてを皇帝直属としました。その補佐のために内閣大学士を置きます。反乱後の社会に秩序をもたらすため、里甲制をしき村落組織を再編するとともに、民衆へ儒学的教訓の六諭を学ばせました。経済を掌握するために賦役黄冊（税・戸籍台帳）と魚鱗図冊（土地台帳）を整備しました。科挙の復活はエリート層への儒教的漢民族意識の再生を図るものです。

復興後約40年、今の北京周辺を支配する燕王のクーデターで南京から元時代の都、大都に都が移されます。この時、南の南京に対し北京と改名されます。この燕王が第3代の皇帝、世祖永楽帝です。明をリニューアルし確立させたので「祖」の字が使われます。冊封体制も復活させ、それどころか宦官の鄭和に中東・東アフリカへ南海遠征までさせ、モンゴルを排した明の威信を国際的に知らしめました。ここで明が名実ともに大帝国となります。

しかし、常に内憂外患（内部の腐敗と外部からの侵攻）が続き、北虜南倭と言われる北のモンゴルや南からの倭寇の侵入に悩みました。その対策で経済的にも疲弊していきます。両税法を廃止して地税・人頭税を一本化し銀納する一条鞭法を施行したり、張居正が政治改革をしたり、何とか立て直しを図ろうとしましたが、豊臣秀吉軍の朝鮮侵略に冊封体制の宗主国として援軍を送らねばならず、経済は打撃を受けました。その後も国内各地で暴動が起き、その鎮圧で財政は火の車でした。官僚の党派抗争も激化

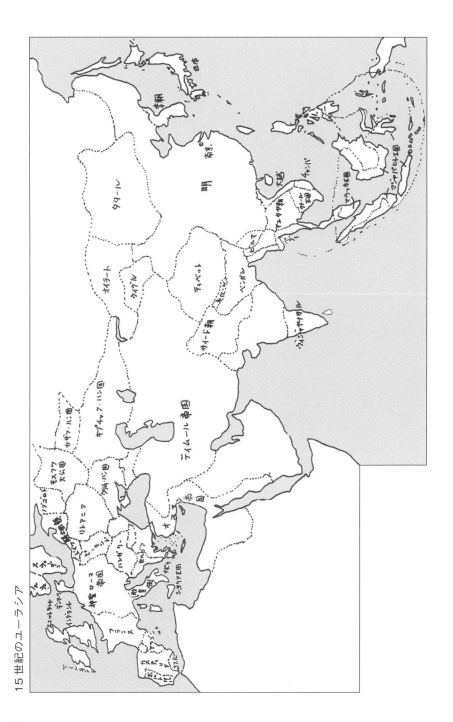

15世紀のユーラシア

し、宦官の横暴も極まって、ついに李自成の乱により北京が陥落し明は滅亡します。

　その混乱の中で東北に後金を建て内モンゴルを支配し、長城まで迫っていた女真（満州）族が、中国支配の主導権を握ることになります。これが清です。明の遺臣、鄭成功が台湾に逃げ、40年も明復興のため抵抗しましたが、最後には平定されました。このとき江戸幕府に援軍を求めましたが、鎖国政策を敷いていたので聞き入れられませんでした。これを題材にしたのが近松門左衛門の戯曲「国姓爺合戦」です。鄭成功のことを明王家の「朱」姓を与えられたので国姓爺といいます。

女真族の建てた国・清

　清は本拠地の満州、中国本土、台湾を直轄地とし、モンゴル、西域の新疆、チベットなどを藩部として支配しました。これが現在の中国領域のもととなります。このころになるとロシアが東アジアに進攻し、清との間にネルチンスク条約で国境線を確定することになります。

　女真族自体は農・牧・狩猟・漁撈民ですが、12世紀に華北を征服統治していた金の時代（1115〜1234年）から、支配者層は中国風の考え方、生活をしています。これが中国社会に寄生したモンゴルとの違いで、中国統治も懐柔威圧策を使う巧妙なものになっていきます。

　国内経済も発達し初期資本主義が進みます。日本やヨーロッパとの貿易により日本銀やメキシコ銀が流入し空前の繁栄となります。最も栄えたのが康熙帝・雍正帝・乾隆帝の3時代です。銀本位制も徹底し、税制の簡略化により、人頭税を廃止し地税だけにした地丁銀となります。

 世界史の疑問あれこれ

① なぜ都を転々と変えるのでしょうか？
　首都をどこに置くかはそれなりに理由があります。漢のとき長安から洛陽に遷都したのは、異民族の攻撃を逃れるため副都に移動したためですが、

第3章　中国の中世・近世 / 45

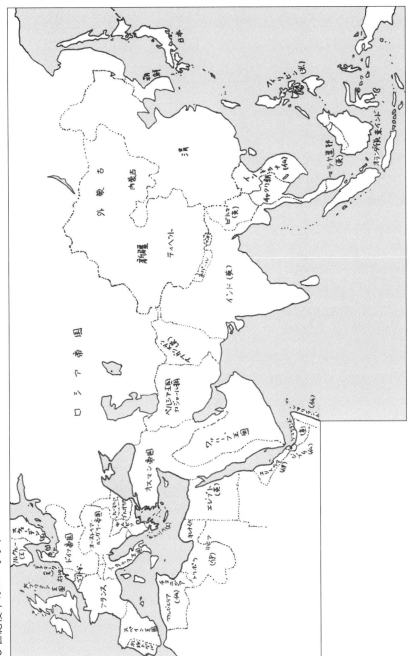

19世紀後半のユーラシア

46

こういう事例は同一王朝内での遷都の時です。中世以降は経済が発達したので、その要所を都にしました。たとえば北宋の開封、南宋の臨安は交通の要衝です。明の応天府（南京）も要所で、朱元璋（太祖）の故郷の近くです。フビライが元の都とした大都は、モンゴル高原と中国の両方に目を光らせることが出来るためで、明の永楽帝は燕王としてここ（順天府）に赴任していました。クーデターで帝位に就きこの地を都にし、北京と改名しました。清も、女真族出身地の満州と中国の中間点にあるのでここを都としました。

②宋の文治主義とはどういうこと？　なぜ西夏に贈物をしなければならなかったの？

　宋以前の五代十国というのは戦乱時代であり、軍事力によって支配された武断政治です。禁軍（皇帝直属軍）の将、趙匡胤が統一を果たし、禁軍の強化と地方の武装解放を行います。武装解放させた地域に官僚を派遣し中央集権制度を徹底させていきます。武力によらない統治体制を整備したわけです。外国の侵入には軍事力がないと対応できないのですが、これにも君臣関係をモデルに主従関係を結び、歳貢（毎年の贈物）を贈ることで懐柔し、平和的関係を保とうとしました。文治主義は官僚組織の肥大化、歳貢の高額化により財政破綻を起こします。

③科挙はなぜ数日もかけて試験をするのですか？

　科挙は隋・唐から始まりますが、宋では州試（地方試験）、省試（中央試験）を通ったものが殿試（皇帝面接）にたどり着けました。地方予選→本選→最終試験というところです。中国じゅうから選りすぐられたものが集まる省試は古今の知を問うもので、経義、詩賦、策論からなりました。受験生は食糧を持ち自炊しながら、古典解釈論、詩歌作り、政策論を記述しました。半端な量ではなかったのです。殿試で面接が行われたのは初めの数回で、後は皇帝に謁見できる合格祝賀会のようになっていたそうです。

④女真人はどんな人たちですか？

第3章　中国の中世・近世　*47*

女真は女直とも書きます。Djurchin の音を漢字に当てたものです。中国人が「女」にどのような意味を込めているかはわかりませんが、その民族の本質ではありません。黒龍江下流から沿海州にいるツングース語系の民族です。遊牧民ではなく半農半漁、狩猟などしており、唐以降、中国王朝の影響を受け力がありました。西隣の契丹人が遼という国を作りその中で政権を狙っていて、まもなく金という国を建て、遼を滅ぼし華北を支配します。ずっと後に力を盛り返した女真は後金を建て、中国支配後、清と改名します。ちなみに中国では文明化した異民族に「熟」、昔ながらの生活をしてると「生」という字を当てます。よって熟女真とか生女真というびっくりする表記になります。

⑤ **なぜモンゴル人はハーンとつくのですか？**

ハーン、ハン、カン、可汗、汗というのは、柔然、突厥、ウイグル、モンゴルなど遊牧民の王のことです。テムジンが大人になり名を変えてチンギスに、部族の王となりチンギス＝ハーンと呼ばれました。○○ハン国というのは、○○王国というのと同じ意味です。ちなみにもっと古い匈奴の頃には、首長は単于といわれてました。

⑥ **フビライは日本遠征したけど、支配されずにすんだのはどのような事情から？**

モンゴルの攻勢を知れば、どんな国にでも必要があれば滅ぼし征服していたことがわかります。そう考えれば、神風が日本を救ったなどとは思わないでしょう。モンゴルの日本遠征は南宋包囲網の一貫でした。鎌倉幕府のもとには何度もハンからの親書が送られ、南宋との関係を絶つことを求めていました。しかし、鎌倉幕府はこれを無視しました。そのため第一次遠征（文永の役）が行われました。滅ぼすというより威嚇のためといえるでしょう。南宋陥落後、高麗・南宋を主力とする軍に遠征を行わせます（弘安の役）。これも征服というよりは、服属させるために威信を見せるというものだったのでしょう。

鎌倉幕府は元寇自体では滅ぼされませんでしたが、その余波を食らい威

信喪失、財政難、内部離反が起き滅びました。ジャワのシンガサリ王国も遠征軍は撃退しましたが、同様に内部矛盾のため滅びました。両者ともモンゴルにより間接的に滅亡したといえます。元寇は北九州だけでなく、北の樺太方面に４度遠征しています。北方民との交易をめぐるトラブルが原因らしく、アイヌと思われる人々が抗戦し撤退しています。

⑦源義経はチンギス＝ハンなんですか？

　トンデモ説です！　歴史学としての通説はこうです。義経は源頼朝の異母兄弟で平家を滅ぼし英雄になりますが、兄頼朝と不仲になり、追討されます。奥州藤原氏の下に逃れるも、藤原氏によって衣川に追い詰められ自害。首は鎌倉へ送られました（鎌倉幕府の正史『吾妻鏡』）。しかし、死んでいないという説や蝦夷地に逃げたという話が、江戸時代の初期にできます。江戸中期に中国大陸に渡ったとか、清のもとを作ったという偽歴史書が出回り、新井白石などがこれを信じてしまいます。この辺から怪しくなり、シーボルトが『日本』のなかで、吉雄某は義経がチンギス＝ハンになったということを確信していると書きました。こうしてこの説が広まります。そして、これを決定的なものにしたのが、小谷部全一郎の『成吉思汗ハ源義経也』（1924年）です。この人はほかにも、ユダヤ人が日本人になったとかいうトンデモ説を書いています。この本が出された時代は日本が中国へ勢力を拡大することを本気で考え始めたころで、民衆意識を大陸へ向かうよう鼓舞するのに役立ったと考えられます。つまるところ、義経＝チンギス＝ハン説は、単なる大陸ロマンのお話ではなく、政治的に利用された世論操作だったといえるわけです。

⑧色目人ってどんな人？

　色目人は西域のイスラム教徒のことです。なぜ「色目」と言うのかは、「色」が外に表れた形や様子のことで、「目」は目印とか項目の意味で使い、つまり、いろんな人という意味です。西域からやってくる人はトルコ人、ペルシア人、アラブ人など色々な人がいるのでこう呼ばれました。共通点はイスラム教徒の商人であることです。別に目の色が青だとか茶色だとか

とは関係ありません。イスラム教徒は海のシルクロードからもやってきましたが、こちらでは、「大食」（タージ）と呼ばれました。「ペルシア」の音訳にあたります。

⑨**オイラート、タタールって何ですか？**
　紅巾の乱で元は蒙古高原に退き、北元となります。ユーラシア諸地域のハン国も土着化が進みやがて消滅していきます。蒙古高原や中央アジアの草原地帯ではモンゴル諸部族は帝国を構成できませんでしたが、依然力を持っていました。強い指導者が現れたときその部族が力を増し、農耕地帯に勢力を伸ばしました。これがオイラート部やタタール部です。欧州ではモンゴル人のことをタタールと呼ぶことがあります。漢字では韃靼と書きます。

6　朝鮮史

古代三国時代
　日本列島から一番近い大陸は朝鮮半島です。対馬からは朝鮮半島を望むことができます。日本が縄文時代であった頃、朝鮮半島南部と九州北部などは同一文化圏であり、同形式の土器が出土します。日本列島への稲作文化の到来も長江流域から直接もたらされたのかもしれませんし、朝鮮半島南部を経由したりしてもたらされたのかもしれません。
　その後、朝鮮半島南部では西から馬韓、弁韓、辰韓が並列し、やがてこれらは百済、加羅諸国（伽耶）、新羅と国の形を整えていきます。これらの国々と倭国成立との関係は実証されていませんが、後の大和朝廷との関係は密であり、婚姻関係や人的な移動も行われていました。
　一方半島北部から西部にかけては、いわゆる衛氏朝鮮が建国されました。しかし司馬遷の『史記』によれば、その始祖の衛満は戦国七雄の一つ燕出身の武将とされ、朝鮮半島を起源とする王朝ではなかったようです。この国は漢の武帝により滅ぼされ、楽浪郡など４郡が置かれ漢の支配下に組み込まれました（地図①）。これを攻略し政権を打ち立てたのが半島北部か

50

ら満州南部に誕生したツングース系の民族国家高句麗です。高句麗は紀元前1世紀から7世紀後半まで続き、中国の統一国家隋や唐の遠征も排し、君臨しました。

朝鮮南部では百済と新羅により加羅諸国が攻略され、北部の高句麗が漢勢力を駆逐し南下して、朝鮮半島はこの三国による鼎立の古三国時代となります（地図②）。この三国は抗争を繰り広げ、互いに侵攻しあい、国境線は変動しました。また三国はそれぞれ中国王朝や遊牧民の突厥などとも同盟関係を結んだりして、お互いの勢力を競い合いました。最終的には高句麗・百済連合が唐・新羅連合の前に敗れ、まず白村江の戦（662年）で百済が滅び、そののち疲弊した高句麗が滅んでいきます（668年）。この時大和朝廷の勢力（指揮は中大兄皇子、後の天智天皇）も百済に加担していましたが、百済滅亡とともに新羅により半島から駆逐されることになります。

その後、唐がチベットの吐蕃との戦争に忙殺され半島への影響力を弱めると、新羅は唐の駐留軍を排し旧高句麗南部と旧百済領域を支配下に置き、統一新羅を形成します。その後、唐との抗争は続きますが、朝鮮北部から満州南部に掛け渤海国が誕生すると、唐との国境を接することがなくなり抗争は収束します。逆に唐は対立する渤海の威力を弱めるため新羅に南から攻めさせ、これに協力した新羅と唐との和解が成立します。やがて唐と渤海との緊張が緩和すると、唐は新羅に鴨緑江以南を冊封します。これにより8世紀前半に東アジアの秩序が整うことになります。新羅では仏教が広まり仏国寺など今日に残る仏教文化も花開きました（地図③）。

ちなみに、渤海は高句麗に従属していたツングース系の靺鞨族の大祚栄が建国しました。朝鮮北部から満州、沿海州へと領域を広げました。8〜9世紀にかけて日本とも交流があり、日本からも遣渤海使が出されました。文化的には高句麗や契丹に近いものです。

統一新羅時代

統一新羅では唐に倣い律令制を取り入れながら、官僚制度の改革が図られました。新羅で行われていた身分制度、骨品制の中に旧百済・旧高句麗

第3章　中国の中世・近世　*51*

朝鮮史　各時代の国々

の王族、貴族も官位を下げ組み入れ、郡県制を基本とした地方支配体制が整えられました。8世紀中ごろ新羅で飢饉や疫病が発生し、社会が疲弊していました。このときには新羅から日本の九州北部などに亡命した帰化が多数いました。668年以降、日本は遣新羅使を派遣。天武天皇、持統天皇は親新羅政策を採りました。新羅は日本への朝貢関係を採りましたが、その後関係が悪化し国交は悪化しました。しかし、民間レベルでの交流・交易は続けられ、唐・日本・新羅商人により、各国の文物が行き来しました。

やがて、骨品制による行き詰まりや渤海との抗争で疲弊し、900年には西部で百済復興を唱える将軍が百済（後百済）を建国しました。北部でも新羅王を自称する弓裔が901年に高句麗の復興を唱えて挙兵し、国号を高句麗と定めました（後高句麗）。これ以降を後三国時代と呼びます。

三勢力はしばらくは互角で鼎立していましたが、後高句麗が優勢となりました。しかし、弓裔が暴君化すると有力な部下の王建により滅ぼされ（918年）、王建は国号を高麗としました。衰退した新羅は王建に帰順し、後百済では後継相続の対立で混乱し高麗により攻められ滅びます。これにより、高麗による統一を見ることになります（936年）。

高麗時代

高麗には渤海をはじめ契丹や漢族などの帰化する異民族が多く、政権の中枢部にありました。宋との交易により経済的に潤い、文化も発展しました。この頃交易に関わったイスラムの商人が高麗（コリョ）を「コリア」と呼び始めたのが現在の欧米での呼称の起源です。仏教思想の体系化され『大蔵経』が編纂されました。高麗青磁と言われる陶磁器が、これまでの技術と宋の磁器技術のもとに作られるようになりました。

朝鮮半島の北方ではモンゴル系の契丹が華北の一部を押さえる中国王朝となり、国名も遼とし、渤海も滅ぼしました。渤海王家を受け入れたことで、高麗と遼との関係が悪化し対立関係となりました。高麗は五代十国の争乱を統一した宋（960年）に朝貢する冊封関係を結び、遼を牽制しましたが、遼はたびたび大規模に侵攻しました。高麗と遼との関係は緊張状態にありましたが、永年の対立後、高麗から和睦を申し出て朝貢関係に至り

第3章　中国の中世・近世／53

ました。この頃北東部では女真が急速に台頭し、高麗と戦火を交えることになります（地図④）。

　女真は金を建て（1115年）、遼を滅ぼしました。そのため高麗は金へ服属することになります。金は華北を領有し宋の攻略に邁進していたため、高麗への圧迫は強いものにはなりませんでした。ところが、13世紀にはいるとチンギス＝ハンが率いるモンゴルが台頭し、金に対しても攻勢をかけていきました。高麗は一時助勢し、モンゴルへ朝貢をすることになりますが、モンゴル使臣殺害をきっかけに国交が斬絶し、以後モンゴルにより激しく攻め込まれることになります。王家は江華島に逃れ抗戦するものの国は蹂躙され、抗えずモンゴルの属国となります。モンゴルは軍を駐留させ、直接内政を行いました。

　フビライ＝ハンは日本へも服属となることを求めましたが、鎌倉幕府に無視されたため、1274年、1281年の二度元寇（和名：文永・弘安の役）を行いました。この最初の遠征は高麗が船の建造、兵站の補給をしなければならず、攻略失敗で大きな負担となりました。『高麗史』によれば、この元寇は高麗の忠烈王が権力を握るため、フビライの後ろ盾を得るために働きかけたともいわれます。

　13世紀になると中国で紅巾の乱が発生し、元が疲弊していきました。高麗への影響力も弱まり自立化できるようになります。しかし同時期半島南部では倭寇（前期倭寇）が発生しており、苦しむことになります。紅巾軍は高麗へも侵入しましたが、高麗は撃退しました。1368年明が元を北方に追いやると、高麗は明へ朝貢し冊封を受けることになります。しかし国内では親明派と親元派の対立が続きました。14世紀末元末の争乱や倭寇撃退で功績のあった李成桂がクーデターを起こし、政権を掌握し親明派の支持を得て李氏朝鮮（李朝）を立てることになります（1392年）。李成桂は東北部の出身で女真人（金）の支持も得ていました。

李氏朝鮮（李朝）

　1392年、李成桂は禅譲により高麗王として即位し、李成桂は早速明に使節を送りました。時の皇帝洪武帝は王朝が交代したこともあり国号の変

更を求めました。李成桂はそれにより古来に起源を見る朝鮮を国号とし、明の冊封を受けることになります。日本や中国では、他と区別するため、また地理的な名称と区別するため、「李氏朝鮮」「李朝」と呼んでいます。

李成桂の後継をめぐり兄弟間で内紛が10年ほど続きます。これを収めた太宗の時代に科挙制度、身分制度、政治制度、貨幣制度などが整備されました。明から正式に冊封され、安定した時期となりました。この治下に訓民正音が編集され、ハングルのもとが作られます。李氏朝鮮の科挙制度は、文科と武科と専門技術職（翻訳、医学、陰陽学など）である雑科で構成されていました。科挙は基本的に門戸が開かれていましたが、受験するためには経済力が必要であり、文科や武科の試験を合格し官僚となったのは、経済的に豊かな特権階級である両班階級が多数を占めていました。

15世紀半ば第7代の世祖は、官僚により空洞化していた王権立て直し、軍政や官制の改造を行い、軍権を強めると共に両班の力を削ぎ、反発する地方勢力の反乱を鎮圧することで中央集権体制を確立させました。この頃日本とは融和政策をとり外交を安定させると共に、民生を安定させました。

しかし、1589年、日本で天下統一を果たした豊臣秀吉が大陸への進出を画策していました。不穏な動きに朝鮮は日本の真意をはかりかねていましたが、1592年突然の奇襲を受け朝鮮軍は各地で敗北を重ね、半月で首都漢城を攻略され、数ヶ月で朝鮮の咸鏡道北辺まで進軍を受けました。朝鮮王朝は有効な手立てを打てず治安も悪化し全土が荒廃しました。壬辰倭乱（和名：文禄の役）です。

王朝は明への援軍を請い、明の援軍が進出すると秀吉軍は戦線が膠着し、和議交渉を行い朝鮮南部まで兵を引き上げました。しかし、和議が崩れたことで、1597年に再び進軍しました（丁酉倭乱（和名：慶長の役））。明軍が漢城を死守したため戦線は膠着し、まもなく秀吉の体調が悪化しその死去によって軍は日本に引き上げました。この一連の戦いで亀甲船を駆使し朝鮮水軍を率いて日本軍と戦い活躍したとされるのが李舜臣です。

朝鮮はこの7年に及ぶ戦乱により、腐敗が進んでいた朝鮮の政治・社会は崩壊し、経済的にも窮地に陥りました。日本は徳川家康の江戸幕府が成立し、朝鮮との外交修復に力を入れ、1609年に和約し、交易活動や朝鮮

李氏朝鮮の時代

朝鮮（李朝）

通信使の交流が江戸時代を通じて続くことになります。

一方、17世紀になると、中国との外交が複雑化してきました。朝鮮と北辺を接する満州の女真族とは高麗時代から抗争が起きていましたが、これが勢力を強め、後金となり北部の大勢力として朝鮮に侵攻してくることになります。これに対し、これまで宗主国であった明は防衛を行わなければならなかったのですが、王朝成立時から頻繁に南部海岸に出没し荒らす倭寇への対策や秀吉の朝鮮出兵への対抗などで経済的に疲弊していました。そのため明自体も後金の攻勢に押され、1636年に後金を改名した清が、李自成の乱に乗じ侵入してきても対抗することができず、明は滅びることになります。

これにより朝鮮も清への服属を強いられていきます。この関係は日清戦争の下関条約が締結され、朝鮮が清の冊封体制から離脱させられる1895年まで続くことになります。

日清戦争以後、日本は朝鮮への介入を強めていきました。李氏朝鮮は国号を大韓帝国として、王は皇帝と称し、日本の影響下に置かれました。1904年に第一次日韓協約で日本人顧問が政府に置かれ、1905年第二次日韓協約によって日本の保護国とされ外交権を失い、1907年の第三次日韓協約によって内政権を奪われました。そして、1910年8月の「韓国併合ニ関スル条約」調印によって大韓帝国は日本に併合され植民地とされました。

第4章　インド・東南アジア・イスラム世界

1　インド

　新石器時代よりインド各地では農耕文化が行われていました。そのうちもっとも早かったのがインダス川流域で、オリエントより多少遅れて青銅器段階の都市文明が始まっています。インダス川上流をパンジャブ地方といい、ハラッパや中流のモヘンジョダロにある遺跡が有名です。この文明には独自の円筒印章が多く見つかっており文字が彫られていました。これがメソポタミアでも見つかっており、通商に用いられていたことがわかっています。ですが、解読はできておらず、文明自体も細かな様子はわかりません。都市はレンガの城壁に囲まれ下水道や公共施設が配備され、都市計画に基づいてつくられた街であることはわかっています、しかし、王墓や神殿といった古代の都市国家には必ず付随する権力の象徴的な建造物が全く発見されていません。

　BC1500年ごろ、インド・ヨーロッパ語族のアーリア人が北西カイバル峠を越え進入した頃にはすでにインダス文明はなくなっていたようです。滅亡原因は、レンガを焼

地理的概念としてのインド

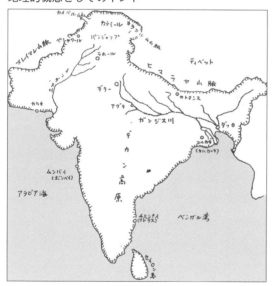

くために周辺の森林を伐採し過ぎ、生態系が崩れてしまったためだとも言われていますが、正確なことはわかっていません。先住民のドラヴィダ系の人もアーリア人の支配下に入り、インダス文明は継承していません。

アーリア人の文化

　アーリア人の文化で重要なのがその言語です。日本の寺院に行くと梵語という仏教文字をみることができます。墓の後ろに立っている塔婆の裏に書かれていたりする文字です。これはサンスクリットという古代インドの文字です。サンスクリット文字の研究からこの言葉とヨーロッパ言語との共通性が確認され、共通の祖語、インド・ヨーロッパ語族という語族グループの概念が生まれました。

　この語族はインドではインド・アーリア人といわれます。北方地域から気候環境の全く違うインドに入って来た彼らは自然の変化に畏敬の念を抱き、ヴェーダという神への賛歌を唱えます。神を奉る神官がバラモンと呼ばれ、信仰儀式・教義を司るようになっていきます。森羅万象の輪廻から転生を果たすために儀式と苦行を行いました。これがバラモン教で、現在のヒンドゥー（教）の元にあたります。インド哲学もこの系統から生まれ、「無」の観念も世界で初めて生まれました。これが数学に入り“ゼロ”の概念となりました。

　現在カーストといわれる身分階層もこの時期に生まれます。肌の色が支配民（白人）と先住民（黒褐色）と異なり、その違いからくるヴァルナ（色）と、王侯貴族・司祭・平民といった生まれの違いからくるジャーティ（出自）が組み合わされ身分階層が生まれました。カースト制といわれるバラモン（僧侶）、クシャトリア（貴族・武将）、ヴァイシャ（平民）、シュードラ（奴隷）の４階級があります。この他にアウトカーストとしてパリア（不可触賎民）が位置づけられています。こうした身分は現在のインドでは憲法上は存在していないことになっていますが、社会に根深く浸透していて簡単にはなくなりません。日本人もインドへ行くと外国人のカーストに属し、職業などで細分化されるようです。

　アーリア人はガンジス川流域に進出する過程で鉄器段階となり、各地で

王国をつくり相互に戦いを繰り広げていました。バラモン教が複雑化したり、その宗教改革者、ガウタマ・シッダールタ（ブッダ＝悟った者）が仏教を開いたり、ヴァルダマーナがジャイナ教を開いた背景にはこうした社会情勢が反映していました。

統一王国の登場

　前3世紀後半、古代ギリシア・マケドニアのアレクサンドロスの軍隊がインダス川を越え攻めてきたことで、北インドは動揺し軍事的に力のあったマガダ国（マウリア朝）がインドを初めて統一します（地図①）。統一王国ができると、今まで地方的特色を持っていた文化に均一化が起きます。第3代のアショカ王が仏教を布教したように、政治的に文化が流布されることもあります。しかし、広いインドでは、中部のデカン高原のアンドラ（サータヴァーハナ朝）や南部のチョーラなど、地方ごとに別の伝統を持った国（地域）があり、統一王国の支配も恒久的なものにはなりませんでした。

　1世紀になると西方のトルキスタンのイラン系クシャーナ朝が大月氏から独立し北西インドを支配しました（地図②）。異民族であるクシャーナ朝のもとで仏教の教義が改編され、インドで一般的だった個人の修行・解脱を中心とする上座部仏教よりも、弥勒菩薩信仰が中心となる大乗仏教が主流となっていきます。この教えはその支配下にあったガンダーラ地方のギリシア系住民（アレクサンドロス軍の末裔）にも受け入れられ、ギリシアで神像が作られるように、ガンダーラ様式の仏像が作られるようになりました。大乗仏教は内陸の交易ルート（シルクロード）を通り中国、朝鮮半島、日本へと伝わります。上座部仏教は南方から東南アジアに伝播していきます。

　一方インドでは、多神教のバラモン教の教えは以前から絶えることはなく、地方ごとに多様な民間信仰としてありました。中でも、シバ神、ヴィシュヌ神、ブラフマー神は多くの信仰を集めていました。紀元前後にはこうした神々を信仰の中心とした宗教的、社会規範が体系化され、『マヌ法典』にまとめられました。こうした動きは4世紀のグプタ朝までには完成

インド諸王朝

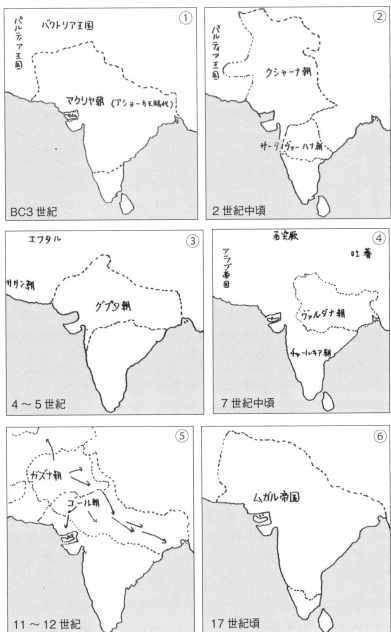

されたようで、これ以後のバラモン教はヒンドゥー（教）と呼ばれます。

　グプタ朝下でも仏教はヒンドゥーとともに信仰の対象でした。ナーランダ僧院は仏教教学の中心として栄え、中国からも東晋の僧、法顕や西遊記の三蔵法師のモデルとなった唐の玄奘や義浄が来訪しました（地図③）。しかし、7世紀のヴァルダーナ朝以降は統一王国が生まれなかったこともあり、仏教の宗教としての独自性は急速に薄れ、仏教の開祖であるブッダは多神教の一神としてヒンドゥーのなかに吸収されていきました（地図④）。

世界史の疑問あれこれ

①カーストの下の方の人が仏教、イスラム教を信仰することはないの？
　現在は憲法禁止事項になっていてもカーストは厳然と存在しています。下位とくに自らをダリッドと言っている不可触賤民（アウトカースト）はカースト制による差別を最も強く受ける階層です。マハトマ・ガンディーはハリジャン（神の子）と呼び差別解消に尽くしました。仏教に改宗を勧める運動もありますが、ブッダ自体がヒンドゥーの神様の一人にされてしまうほどのヒンドゥー社会なので、仏教徒やキリスト教徒に変わっても状況は何も好転していません。イスラム教徒がインドから分離した東西パキスタンでは、のち東パキスタンがバングラディシュとして独立しますが、その背景には東にダリッドが多く、西ではカースト差別がきつかったことが一因ともいわれています。このように長年継承されている社会観念、とくに宗教のように底流を流れるものであると、頭では妙なことだと思っても、個人の力では変革しづらいものといえます。

2　古代の東南アジア

　東南アジアは、半島部と島嶼部からなります。島嶼や海岸部は古くから海上交通が発達していて、東は中国、西はインドと深くかかわり合い、その影響を受けていました。

最も古く国を作っていたのがカンボジアのクメール人で、1世紀頃に扶南を、7世紀には真臘をメコン中下流域に作りました。インドの影響が強くヒンドゥーや仏教がともに入っていました。9世紀に成立し栄えたクメール王国が建立したアンコールワットは、もとはヒンドゥーの寺院だったものがのちに仏教の寺院となりました。

　半島東部のヴェトナムも古く、2〜8世紀には「林邑」、9世紀には南部に「占城」を建国し、その後「チャンパ」となります。半島中西部では古くからビルマ語系やタイ語系がおり、11世紀にビルマ系が「パガン朝」

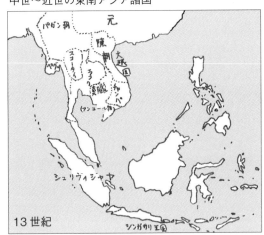

中世〜近世の東南アジア諸国

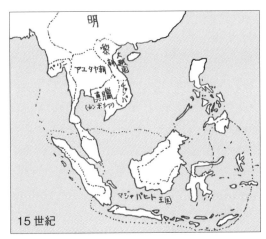

を建国します。しかし、元軍が13世紀に侵入したことで分裂しました。一方タイ系は元に追われるように中央部から南下し、半島中央部に13世紀に「スコータイ朝」を作り、やがて「アユタヤ朝」へと発展します。ビルマ・タイでは、上座部仏教が定着していきました。

島嶼部ではスマトラ島やジャワ島が交通の要所として栄え、前者に7世紀に「シュリヴィジャヤ」(室利仏逝) が成立。漢字の国名であることからわかるように、これらの国は中国の書物に記されています。ジャワ島には8世紀に「シャイレンドラ朝」が建国されました。この王朝でボロブドゥール寺院が建立されました。両者は9世紀に合邦しマライ半島南部も勢力圏に加え最盛期を迎えます。ともに大乗仏教が盛んでした。しかし、ジャワではその後「シンガサリ朝」が独立し、13世紀の元軍侵入の動乱でヒンドゥー教国「マジャパヒト王国」にとって変わられました。このころマライ半島南部でも自立化は進み、15世紀に「マラッカ王国」という東南アジア初のイスラム王国が誕生しました。

世界史の疑問あれこれ

② **ネシア (〜 nesia) とはどういう意味ですか？**

島々の地域という意味の、ラテン語の接尾語です。ポリネシア (たくさんの島々の地域)、メラネシア (黒い島々の地域)、ミクロネシア (小さな島々の地域)、それとインドネシア (インドの島々の地域)。インドではないのにそう呼ばれます。西欧が探検して勝手に名付けた名前だからです。ただその地域を示す総体的な名称がないので定着しました。

③ **ポリネシア人はどのように移動したのですか？**

ポリネシアの人々の移動はアウトリガーカヌーというものに乗り東南アジア方面からBC2500年ごろに移ったと考えられています。先住していたインドネシアのスラウエシ島やニューギニアの人々と混血をしながらポリネシア人を形成していったと考えられます。BC1000年ごろにフィジー

島の到達し、そこを基点とし紀元300年ごろに東のイースター島へ、400年ごろにハワイ諸島に、1000年ごろにニュージーランド方面に到達したと考えられます。ポリネシア人の主食にサツマイモがあることから、その原産地である南米まで航海したと考えられます。

ポリネシア人の民族移動

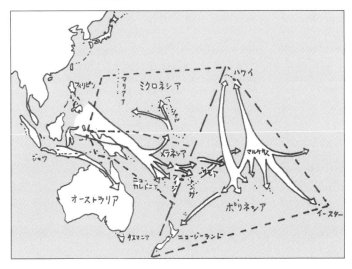

3　イスラム世界

　3〜7世紀中頃まで、ビザンティン（東ローマ）帝国とササン朝ペルシアがメソポタミア北部で長年覇権争いを繰り返していました。このため東西交易路（シルクロード）は分断され、アラビア半島を回るルートが迂回路になっていました。地中海からエリュトラ海（紅海）を通り半島沿いにインド洋に出てペルシア湾に入ったり、半島内陸部を横断したりしていました。半島の南西海岸部の中間やや内陸あたりにメッカがあります。ちょうどここが陸路・海路の中継点となり、各地から商人や人々が集まり繁栄を築いていました。ここを支配するアラビア商人の名門貴族がクライッシュ族のハーシム家です。ムハンマド（マホメット）はこの名門に生まれ

イスラム世界の拡大

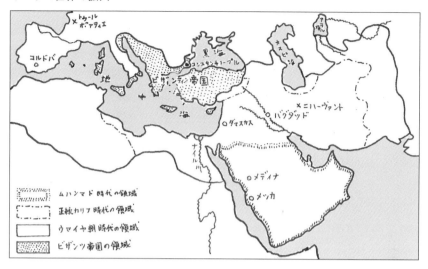

ましたが、幼いころ両親を失い、伯父のもと中東各地をキャラバン商隊で移動していました。やがてこのような生活が各地の文化・社会情勢に精通させ、商人としての成功を導きました。

イスラム教の誕生

　イスラム教と言えばキリスト教・仏教とともに世界三大宗教の一つとして、現在では十数億人のムスリム（信徒：アッラーの神に身を捧げたもの）を抱えています。ムハンマドはイスラム（神への絶対帰依）を説く宗教の開祖とされていますが、宗教家としてだけでとらえると正確な歴史認識は生まれません。むしろメッカという西アジアの経済上の中心地で宗教的な方法によって社会改革を進めた政治家といった方がいいかもしれません。

　当時のメッカの社会状況は雑多な民族、雑多な宗教が錯綜する大都市で貧富の差が著しく、経済力を握る一部の商人により支配されていました。商人内部では権力抗争が続きました。このような中、ムハンマドは開宗するのですが、この地域で一般的な多神教を否定したため当初は民衆にも理解されず、また富分配の不平等性を主張するムハンマドの危険性を察知し

た大商人は露骨な攻撃を加えたため、ムハンマドはメッカから逃げること
になります。これが622年（イスラム暦紀元）のヘジュラ（聖遷）です。

　逃げた先のメディナで、ムハンマドは教団を結成します。この教団は生
活共同体であると同時に軍事的な組織でした。メッカの商人と対立する他
のアラビア商人の支援を受けたムハンマドの軍はメッカを奪還し、ここを
基点にジハード（聖戦）を繰り広げていくことになります。

　これでわかるように、イスラム教誕生の根本にはアラビア経済の覇権争
いがあり、国王のような巨大な政治権力がなかった要因が大きいのです。

　聖戦ジハードにも政治的な面が見られます。征服された民族には「コー
ランか貢納か剣か」と選択肢が用意されていました。「貢納」とはジズ
ヤ（人頭税）とハラージュ（地税）のこと。税金さえ納めれば、改宗しな
くてもよく殺されることもありませんでした。より政治的なのが、「啓典
（教典）の民」の制度です。キリスト教徒とユダヤ教徒は宗教的な仲間と
いうものです。今までに数ある預言者がユダヤ教にもキリスト教にも出現
し、方舟のノアや十戒のモーゼやイエス・キリストもその預言者ではある
が、「最後にして最大の預言者」がムハンマドだというのです。今後、神
の言葉を預かる者はもう出ない、だからイスラムが一番いいとするのです。

　また、クルアーン（コーラン）が教典としては最も偉大で絶対な真理で
ある。ただし旧約・新約聖書も昔の教典だから、それを信じているユダヤ
教徒もキリスト教徒も、ヤーヴェとかゴッドとか呼び名は違うものの同じ
神を信じていると考え、「啓典の民」ということにして認めてやろうと考
えました。この発想、レトリックは巧みです。ユダヤ教徒もキリスト教徒
も別に認めてくれたことに感謝したわけではありません。その証拠に数百
年後、十字軍に逆襲されます。

ムハンマド亡き後のイスラム教

　さて、ムハンマドの死後、教団はカリフ（後継者）によって指導されま
すが、4人目のムハンマドの娘婿で甥のアリというカリフが暗殺されてし
まいます。ここまでの4代を正統カリフ時代といいます。その後、クラ
イッシュ族ではあるがハーシム家と敵対するシリア総督のウマイア家に権

力が簒奪されます。宗教上、代々のカリフを認める人々はスンナ（スンニ）派と呼ばれ多数派を形成し、暗殺されたアリとその子孫のみを指導者（イマーム）と考える一派がシーア派と呼ばれ政治的な勢力となっていきました。

イスラム帝国はウマイア朝のもとで最大領域まで広がります。とくに注意するのは、イベリア半島からヨーロッパに入った時です。当時西欧はまだ辺境でゲルマン人の国家は領域支配が徹底されない状態でしたので、瞬く間にイスラム軍に破られていきます。ただピレネー山脈を越えると、カール・マルテル率いるフランク軍が立ちはだかり、トゥールとポアティエ間の戦いで山脈の南に追い返されました。後にアッバース朝に破れたウマイアの一族が落ち延びて、後ウマイア朝を再建したのがこのイベリア半島で、15世紀までイスラム圏として残りました。

アッバース朝

ウマイア朝がアラブ帝国ともいわれる理由は、アラビア人への特権政策にあります。ジズヤもハラージュも、異教徒はもちろんのことアラブ人以外のイスラム教徒は払わなければなりませんでした。しかし、アラブ人は免税特権を持ち、軍務を担っているので俸給も支払われていました。こうした特権政策は、国家領域が広がり多民族国家になると、高い文化水準ながら社会的立場が低いペルシア人やエジプト人からは反発を受けるようになりました。これに目を付けたのがウマイア家の政敵で、ハーシム家のアブー・アル＝アッバースで、ウマイアと敵対するシーア派やペルシア人を味方に付けクーデターを起こしアッバース朝を開きます。

この王朝ではペルシア人をはじめ非アラブでも要職に抜擢し、イスラム教徒であればジズヤは不要としました。そして、アラブ人でも土地を持つ者にはハラージュが課せられるようになり、イスラム法にもとづく平等化が図られました。ただ、公用語がアラビア語であることは変わりません。

アッバース朝下でシーア派はアラブ人の多数が信じるスンニ派と対立したことで、ペルシア人の間に活路を見いだしていきます。これが現在につながり、スンナ派アラブ vs. シーア派イランといった構図になっていきま

す。ただし、シーア派を信奉する人はペルシア人だけには限らず、アラブ人にもたくさんいます。

諸民族に広がったイスラム教は各地に民族国家を打ち立てました。特に、北アフリカのチュニジアで興り、カイロを都に建てたファーティマ朝（ファーティマはムハンマドの娘でアリの妻でもある女性の名。したがってシーア派のイスラム）は、アッバース朝に強い対抗意識をもっていました。

ペルシア人のブワイフ（ブアイ）朝は、初めて軍事的にバグダッドに入城しカリフから支配権を委譲された王朝でしたが、これを倒したのがトルコ系セルジューク・トルコです。アッバース朝以後は神の代理人という位置づけだったカリフの擁護者として、セルジューク・トルコのトゥグリル・ベグにはスルタンという称号が与えられました。セルジュークは強大でビザンティン帝国を破ってしまいました。その結果ビザンティン帝国の要請を受け、西ヨーロッパは十字軍を組織して、聖地エルサレム奪還を名目にイスラム圏に遠征を行います。

中世以降のイスラム圏

中世から近世にかけてのイスラム圏は、軍人として浸透していたトルコ系の独壇場でしたが、例外的なものに13世紀のフラグが建てたモンゴル帝国の一つイル＝ハン国と、ヨーロッパ騎士以上に騎士的だと言われたサラディンが建てたアイユーブ朝があります。アイユーブ朝は現在イラク・トルコ・イラン国境付近の山岳地帯にいるクルド人の王朝です。

中央アジアでは支配民族のモンゴルが14世紀には土着化することで衰退し、モンゴル・トルコ系のティムールが国を建て、サマルカンドを都に西アジア一帯を支配します。一時はアナトリアで興ったオスマン・トルコをしのぐ勢いを見せますが、ティムール死後、中央アジアのトルコ系ウズベック族に圧倒され衰退しました。

西アジアではこの期に長年被支配民として甘んじてきたイラン人がサファヴィ朝を建て、久々にペルシア人の王朝が復活し、イラン・イスラム文化が栄えました。中央アジアからインドに入ったトルコ系も次々に

イスラム諸王朝の変遷

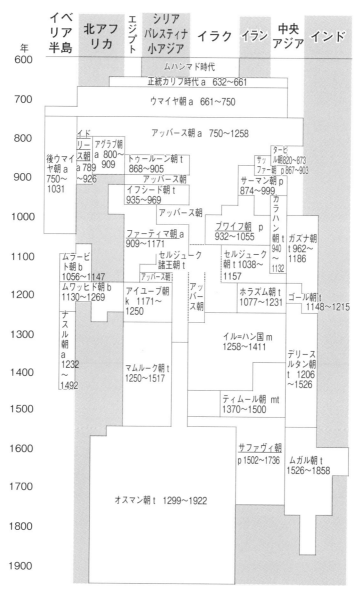

民族系統　a：アラブ　t：トルコ　p：ペルシア　m：モンゴル　b：ベルベル　k：クルド
　　　　　下線はシーア派（その他はスンニ派）

国を建て、インド内部に浸透していきました（60頁地図⑤）。その最後が
ムガール帝国です。ムガールとはモンゴルのこと（MuGahLとMonGoL、
似てませんか？）。チンギス＝ハンの子孫を称したティムールの国が滅び、
その末裔のバーブルがインドへ入り、モンゴルの再興をめざしたのでこう
いう国名にしたようです。チンギス＝ハンから300年も経ってからのこと
で、民族的にはすでにモンゴルではなくインド化したトルコ系に代わって
いました。これがインドを支配し土着化しインド・イスラムとなります。

イスラムの捉え方

　最後に社会・文化的なことをつけくわえます。西アジアの地は今までの
歴史からわかるように、オリエントとして文化の中心地であり、民族の十
字路としていくつもの大国が交替しました。当然文化の蓄積があったので
すが、民族ごとに分断されていました。これが、イスラム帝国という共通
価値を持ち、アラビア語という共通言語の環境で統一されていきました。
そして、交易路の充実で文化の流入もあり、古今東西の最高水準の文化が
凝縮されていきました。それらは後に、ヨーロッパに最先端技術や最高の
知識として伝わっていきます。

　イスラム帝国を単にイスラム教という宗教の視点だけで見てはいけませ
ん。古代の終わりから近代にかけて、東の中国とは陸・海で交易関係を深
め、西のヨーロッパに対しては近世になるまで圧倒的な優位にあり、あら
ゆる面で先進的でした。18世紀にヨーロッパが植民地主義に至り、この
関係が崩れました。

　現在、イスラム国家は東南アジアからアフリカまで各地にあり、教典は
同じでも、解釈も違えば宗教の社会的拘束力も違います。本当にイスラム
国家かと疑ってしまう自由な国もあり様々です。しかし、その多様性は既
存世界の体制では途上国となっているイスラム圏に重くのしかかっており、
イスラムを根本からとらえ直そうとするイスラム原理主義の動向に見られ
るように、イスラムは自己改革と世界秩序の変革を模索しているといえます。

世界史の疑問あれこれ

④イスラム帝国の被征服民と非アラブ人の区別がつきにくい……

これは正統カリフ時代〜ウマイア朝時代の教徒・非教徒との免税・納税の関係が入り組んでいるためです。図のようになります（ゾロアスター教徒、仏教徒は啓典の民に準じています）。

民族	宗教	〈扱い〉	（正統カリフ〜ウマイア朝）	（アッバース朝）
アラブ人	イスラム教徒		免税、俸給（アター）支給	ハラージュ（地租）
非アラブ人（被征服民）	イスラム教徒（改宗者）		ハラージュ	ハラージュ
非アラブ人（被征服民）	非イスラム教徒（啓典の民）		ジズヤ・ハラージュ（人頭税・地租）	ジズヤ・ハラージュ（人頭税・地租）

⑤カリフは世襲ではないんですか？

カリフとはもともとはマホメッドの後継者という意味です。宗教的指導者であるとともに世俗の指導者（権力者）でもあります。マホメッド死後の正統カリフ時代はふさわしい人物が選ばれました。しかし、ムアウイアが奪取したウマイア朝以後は、王朝のトップが世襲するようになります。セルジューク・トルコがバグダッドへ入城（占領）してスルタンという称号が与えられます。カリフの擁護者という意味ですが、これが世俗の権力者ということになり、カリフは宗教的な権威という意味しか持たなくなります。オスマン・トルコになると、これが一体化しスルタン・カリフ制が敷かれます。カリフはスンニ派の指導者、シーア派の宗教的指導者はイマームといいます。

第5章 中世のヨーロッパ

1 ヨーロッパ世界の形成

　ヨーロッパ世界は、古代ギリシア・ローマの伝統のもとにゲルマン的要素が混入し、キリスト教を精神的基盤として形成されていきます。しかし、一様に発展したのではなく、ゲルマン人の大移動後崩壊してしまった西ローマと15世紀まで続いた東ローマとでは、異なった歴史をたどります。

　西ヨーロッパに入ったゲルマン人は国を建てましたが、部族制度が残り、社会機構も未発達な状態で、古代ローマ帝国のような社会機構が発展した国ではありませんでした。7～8世紀頃のイスラム教圏や中国の状況と比較すれば、いかに発展途上であったかは一目瞭然です。ただ、フランク族に関しては正統なアタナシウス派キリスト教を信仰しており、他ゲルマン諸部族が異端とされたアリウス派を信仰していたのとは対照的です。その結果ローマ人との関係が強まり、それを決定づけたのが、トゥールとポアティエ間の戦いです。破竹の勢いのイスラム教徒をメロビング朝の宮宰カール・マルテルがくい止めた功績により、ローマ教皇の覚えめでたくなります。カール・マルテルの子、小ピピンによるカロリング朝成立に教皇が支持を与えました。

　カロリング朝成立は、ローマ教皇の政治的思惑によるものです。ローマ教会はローマ帝国時代から五本山の一つで、ペテロ殉教の地にあり由緒正しい教会です。しかし、ローマの崩壊にともない、中心は東のコンスタンチノープルに移ってしまいました。西ローマ帝国滅亡後はゲルマン人に支配されていましたが、6世紀、ローマ帝国再興をめざすビザンティン（東ローマ）帝国の皇帝ユスティニアヌスが一時的ですが包含し、ゲルマンの支配を脱します。しかし、皇帝死後ゲルマンのロンバルドによって再び支

配を受けるようになります。

　ローマ教皇は正統性を保持したくてもビザンティン帝国の保護を受けることができず、自立を余儀なくされていきました。このため、修道会の設立やゲルマン人への布教活動を広めることで活路を見出す必要に迫られていきます。

　ゲルマンへの布教を効果的に行う必要から、イエスやマリア、12使徒の絵や像などが用いられましたが、キリスト教ではもともとこうした聖像礼拝は禁止されていたため、ビザンティン帝国の教会のトップでもあるビザンティン帝国皇帝レオン3世の逆鱗に触れ、726年に聖像禁止令が出されます。この事件が東西教会の対立を決定的なものとしていくのです。

　口だけ出して助けてくれないビザンティン帝国よりも、粗野だが従順なゲルマンの力をあてにしようとローマ教皇は考えました。小ピピンがロンバルドからラヴェンナを奪い教皇に寄進したことで、益々両者は密接になっていきます。このとき初めてローマ教皇は、教皇領という自領地を持つことになり、これが教皇庁が現在バチカン市国として世界最小の国家として存続している始まりです。

ローマ教皇

　ビザンティン皇帝は、教会と世俗を支配する二面性を有していましたが、ローマ教皇は教会という精神基盤の長でしかありません。そのため強力な世俗権力と結びつき、自らの安定を確保する必要があったのです。これに選ばれたのが小ピピンの子、シャルルマーニュ（カール大帝）です。教皇レオ3世は彼にローマ皇帝の帝冠を与えました（800年）。この意味は重要で、300年以上にわたる西ヨーロッパの混乱に終止符が打たれ、安定がもたらされたことを意味しました。そして、西欧にビザンティン帝国から独立した政治勢力が樹立されたことも意味しました。教会においてもローマ・カトリックというローマ教皇を長とする独自の教会が成立したことを意味し、以後コンスタンチノープルの教会（東方教会のちのギリシア正教）と分離して独自の教義を展開していきます。

第5章　中世のヨーロッパ　*73*

11世紀末の欧州

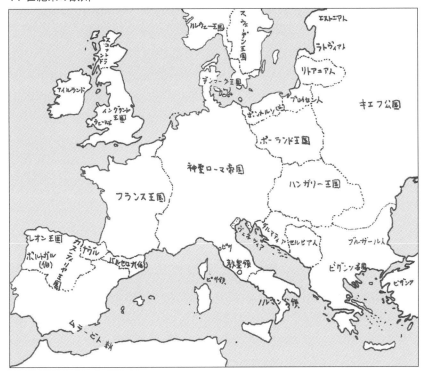

2 皇帝とは何か

　これまでの経緯からもわかるように、西欧の「皇帝」とは教皇によって世俗の権力者、つまりある国の王の中から、これは、と思える人物に与えられる象徴的な地位です。したがって、必ずしも巨大な力を持っている王ではなく、教会とうまくやっていけそうな者であったり、他の王や大諸侯たちの反発を受けない人物であったりしたこともあります。ローマ時代の皇帝のように万能な権力であったわけではなく、単なる象徴的色彩が強いものです。しかし、東欧のビザンティン帝国の場合はローマ時代からの継続で、世俗の権力者であると同時に教会という聖なる権威者でもありました。ビザンティン帝国が滅亡すると、その地位は、スラブ人の長でギリシ

ア正教の保護者を自認するロシアに移ります。

　ローマ皇帝はカロリング朝分裂後、それほど大きな意味を持ちませんでした。しかし、10世紀東方から侵入したウラル語系のマジャール人（現在のハンガリー人の祖先）を防いだ功績により、ドイツ（東フランク）・ザクセン朝のオットー1世が帝冠を受けオットー大帝となり、神聖ローマ帝国皇帝と称することとなります。その後、皇帝がいない時代（大空位時代）もありましたが、14世紀中頃から聖俗7人の選帝侯により皇帝は選ばれるようになり、15世紀前半以降中欧に勢力を持つハプスブルク家の家長が半ば世襲のように皇帝となりました。

3　封建社会の成立と解体

　ヨーロッパの封建制度は、ローマ時代末期の恩貸地制度とゲルマン人の従士制度が混合し形成されていきます。

> 恩貸地制度：有力者に自分の土地を寄進しその保護下に入り、土地は
> 　　　　　　恩貸地として借り受け今まで通りに耕作し、賦役貢納を行
> 　　　　　　う制度。
> 従士制度：貴族や有力者の子弟が他の有力者へ忠誠を誓い、従士とな
> 　　　　　る制度。

　土地を媒体とした契約関係で成り立つヨーロッパの封建制は、血縁関係で成り立つ中国の封建制とは全く違うものです。同じ名称でも本質が違うので注意しましょう。

　8～9世紀以降、マジャール、ノルマン（ヴァイキング）、スラブの民族移動が起こりました。特にノルマンの移動範囲は広く、ヨーロッパ海岸部全域にあたるといわれ、河川を遡ることもありました。中には北アメリカに渡ったものもいます。彼らはヴァイキングと呼ばれ、海賊行為をすることもたびたびで、各地に拠点を築きます。これがもとになり、ノルマンディー公国、両シチリア王国、ノブゴロド、キエフ公国などが誕生します。

　このような民族移動の激化により、従来の社会は防衛的な傾向を増し、

第5章　中世のヨーロッパ／*75*

遠隔地との交流はなくなり商業は衰え、閉鎖的な自給自足を原則とする社会となっていきました。

　封建制度も契約関係は、遠くの王より近くの有力者を選ぶようになり、各地に騎士（ナイト）を多数従えた諸侯が自立するようになります。なかには王より力のある諸侯も出ました。契約により認められた領地には不輸不入権（インムニテート）があり、国王の監察を拒否することができました。契約関係は単純ではなく、複数の諸侯との契約もありました。双務的な関係なので、一方が約束を破ればもう一方は契約破棄できました。

　農民は農奴として領主の所有物という性格が強く、移動の自由はなく、領主裁判権のもとに置かれ身分的拘束を受けました。結婚するときには結婚税、死亡したときには死亡税、パンの小麦を挽くときには粉挽き場使用料などを領主に払わなければなりませんでした。一般的な賦役（労働地代）と貢納（生産物地代）ももちろん支払います。このほかに教会に対しても、献金として十分の一税が義務となっていました。

　東欧のビザンティン（ビザンツ）帝国は、西欧とは違いがありました。農奴制に基づく荘園制は発展しましたが、地域分化につながる封建化は、中央集権化を図る皇帝権力により阻止されました。イスラムやスラブとの対峙が常にあったため、屯田兵制や帝国を軍管区に分け、軍指令の行政権限を与え兵を組織するテマ制（軍管区制）を敷きそれに対応しました。のちにイスラムの侵攻が強まると軍事力強化のためプロノイア制を敷き、地方有力者に国有地を貸与し軍役を課しました。

4　欧州中世世界の変動

　封建制の崩壊は内部から始まります。ノルマンやスラブの民族移動がやがて下火になると、社会は混乱から安定に向かいました。それにともない荘園内での生産は増大し、余剰産品が定期市で取り引きされるようになっていきました。また、河川・道路などを行き来する内陸交易や海上の交易ルートも活性化し、十字軍以降は香辛料を得るために東方（レバント）貿易がイタリアを中心に地中海で行われました。交易は初めは物々交換でし

たが、銀や貨幣を媒介とする交換経済へと進みました。これは貨幣経済の前段階にあたります。手工業者は荘園から都市へ移り住みました。都市は定期市が発展したもので人々が恒常的に集住するようになり生まれました。

都市の住民は封建的な束縛を受けず、領主からの独立性を保とうとしました。都市は諸侯の課税を逃れるため権力者に近づき、また諸侯の力を押さえようとする皇帝や王は、都市に特許状を授け自治都市としてのお墨付きを与えました。両者の関係が一致したのです。こうした自治都市は、イタリアでは独立した共和国になっていきます。また、ドイツでは皇帝直属の帝国都市（自由都市）となりました。自治都市が利権保護を目的に同盟を組み政治勢力となっていったのが、北ドイツを中心としたハンザ同盟や北イタリアのロンバルディア同盟です。都市では「都市の空気は自由にする」といわれ、農奴が逃げ込んでも１年と１日経てば領主から解放され自由民となれました。しかし、内部では親方を頂点とする厳格な身分階級である徒弟制度が保たれ、ギルドと呼ばれる同業者組合が利益保護と既存秩序維持に動きました。

貨幣経済の発展と封建制の消滅

商業手工業が発達すると各地で都市が発展するとともに、貨幣経済が進展していきました。荘園領主は労働地代や生産物地代よりも貨幣により地代を納めさせました（貨幣地代）。農民は生産物を市場で貨幣に換え地代を支払うため、その手腕によっては蓄えができ経済的に向上していくものも出始めました。生産活動を行わない領主は貨幣経済の進展の中で徐々に衰退していきます。おりしも、ヨーロッパでペスト（黒死病）が流行し人口が激減、領主は農民確保のため身分的拘束を緩和せざるを得なくなります。特にイングランドではこれ以後、独立自営農（ヨーマン）が誕生していきます。このような農奴解放への動きは、領主の横暴や搾取への反発を強めることとなり、イングランドのワット＝タイラーの乱やフランスのジャックリーの乱にみられるように、封建制の消滅という時代の方向性を決定づけました。

封建領主は独立自営農や都市を味方につけた王や大諸侯によってしだい

に実権を奪われ没落するか、よくても王の臣下とならざるを得ませんでした。時代は王権による中央集権化に向かっていきます。

5　教会権力と世俗権力

　中世ヨーロッパの権力は、大別すると世俗権力と教会権力になります。世俗権力の中には皇帝、王、諸侯、騎士などがおり、地域の支配権を握っていました。教会は各地に点在し、ローマ教皇を頂点とする階層（ヒエラルキー）を形成し、すべての人を精神的に支配していきます。初期においては教会の力が強かったのですが、王権がこれを削いでいくのが13世紀以降のことです。

　教会の絶頂は11世紀〜13世紀です。教皇ウルバヌス2世による十字軍の提唱（1096年）は、様々な階層の利害を煽りました。十字軍は、イスラムに支配されていた聖地イェルサレムを奪還することが大義名分にされましたが、十字軍に参加した各階層の思惑はだいぶ異なっていました。教皇はギリシア正教会（東方教会）の統合を目的としました。国王や諸侯は新しい領土とその富を求め、商人は富の源泉と貿易の独占を目論み、農民は財宝の獲得を願いました。十字軍は安定し始めたヨーロッパが、膨張へと向かう号令となったのです。

　聖俗両権力の対立は十字軍前後では圧倒的に教会にあり、教皇グレゴリウス7世と皇帝ハインリヒ4世の間での聖職叙任権闘争は、教会の聖職者を決める権限が誰にあるのかという争いでした。この闘いは、教皇に破門された皇帝が、雪の降るカノッサの城門の前で跪き三日間破門を解く赦しを請う「カノッサの屈辱」という形で軍配は教皇に上がりました。また別の教皇イノケンティウス3世は、イングランドのジョン王を破門したことでも権力の強さを見せつけました。破門とはキリスト教からの保護を破棄することであり、現世と来世での生を保障しないことを意味しました。

　これに対し世俗権力の台頭を象徴とする出来事は、教皇ボニファティウス8世が教会への課税を企てたフランス国王のフィリップ4世に捕らえられてしまったアナーニ事件で顕著となります。教皇はあまりの怒りで憤死

してしまったといわれます。この後教皇庁が南仏アヴィニヨンに移され、70年もの間フランス国王の監視のもとにおかれました。これを教皇のバビロン捕囚といいます。やがて教皇はローマに戻りますが、アヴィニヨンには別の教皇が立つという教会大分裂（大シスマ）が起き、教皇の権威は失墜していきます。また教会内部での世俗化や腐敗も進んでいきました。

各国の中央集権化

　世俗権力が力を持ち、国王による中央集権化が徐々に進んでいくなかで、王権は国内の諸侯と教会の権力をいかにして弱めていくかがその課題でした。イギリス・フランス・スペインとドイツ・イタリアは事情も結果もだいぶ違っていて、一律にみることはできません。

　イングランドは、国内の貨幣経済の早期の進展や、百年戦争とバラ戦争により国内の諸侯勢力が衰退し、中央集権化は容易でした。しかしその反面、貴族や都市の力が強く、言論と法律により国家運営を行う議会が一番早く誕生します。テューダ朝のヘンリー7世のもと、教会権力を押さえ中央集権化が完成しました。

　フランスは国内には諸侯も多く、カペー朝の王権は弱かったのですが、フィリップ4世が都市に特許状を与え、これを味方に付けることで諸侯や教会に対し、しだいに優位となっていきました。その後、百年戦争を経験し、諸侯勢力の衰退が進みます。

　スペインは、イベリア半島南半分にイスラム勢力（グラナダ王国ナスル朝）があり、これを半島から追い出すレコンキスタ（国土回復運動）を達成することが最大の課題としてありました。そのため、アラゴンの王子（フェルディナンド）とカスティリャの王女（イザベル）の結婚により合邦が試みられ、スペイン王国が成立しました。レコンキスタ完成後、都市との協調もあり諸侯を押さえ、国力を発動する大航海時代の幕を開けます。

　ドイツ（神聖ローマ帝国）とイタリアの共通点は、王権（皇帝権）が弱く、国内の大諸侯や都市の力が強かったことです。ドイツの歴代の皇帝は教皇（イタリア）を支配下に治めようとする「イタリア政策」が眼中にあり、国内統一を省みませんでした。このため国内では領邦化が進み、300

もの諸侯・都市が分立していました。一方、イタリアは半島中央に教皇庁があり、南部にナポリ王国、北部には都市が発展した小共和国が乱立していました。こうした状況は他国の干渉を招き、フランス国王や神聖ローマ皇帝の侵攻が恒常的となっていました。ドイツ・イタリアが統一を果たすのは遅く19世紀後半のこととなります。ちなみに、日本が幕藩体制を脱し近代国家として成立したのは明治維新で、やはり19世紀後半です。

世界史の疑問あれこれ

①フランク王国が分割相続された9世紀頃、言語は同じだったのですか？ その後ドイツ語、フランス語、イタリア語とはっきり分れていったのはいつごろですか？

　ローマ時代、アルプス以北には先住民がいました。カエサルのガリア戦記にはその人々の生活などが記されています。ゲルマン民族の大移動でこれらの先住民は駆逐されたり支配されたりしました。今も形をとどめている人々に、ピレネー山脈のバスク人やフランスのブルターニュ人、アイルランドのケルト人などがいます。ゲルマン人が支配したので、上層階級の言語はゲルマン語。被支配民は先住民語です。支配民はやがて教会との関係で、欧州の貴族の共通語であるラテン語（ローマ帝国の言葉）を使い始めます。イタリアでは上下身分に関係なくこれを使い、フランスではゲルマン語のもとにラテン語要素がどんどん浸透していきます。いっぽうドイツではゲルマン語的要素が強く残ります。

　時代の進行と共にフランスではノルマンやアングロ・サクソン（イングランド）の支配があったのでその要素が広まり定着します。イタリアではルネッサンス期（15〜16世紀）に脱教会庶民文化の隆盛で、ラテン語のトスカナ方言が上層の教会ラテン語世界から脱皮します。これが現イタリア語のもとです。フランスではフランス革命（1789年〜）の際、国民言語創設の動きが出てきて、共通フランス語を作り始めます。ドイツは他要素の混入は少ないものの、領邦国家だったので地域差が19世紀まで残り

ました。

②カノッサの屈辱でハインリッヒ4世は教皇に破門されましたが、どんな不利益があったのですか？

　破門は、あらゆる事柄がキリスト教の秩序の中で動いている世界で、そこから追い出されるという大変なものです。王は権力をもっていても教会のほうが偉いですから、人々は（家臣も軍隊も）破門された王に従う必要はありません。というか、王は神に逆らう者で、王の言うことを聞いてはならないのです。王はこの世で孤立無援、生きるすべを失います。神に逆らったサタンに等しい存在なので命の保証もありません。そのため教皇に懇願して破門を解いてもらわなければならなかったのです。

③欧州にも封建社会や荘園がありますが、中国や日本のそれと同じ？

　世界の各地で似たような社会形態や経済形態が起こることがあります。以前は、社会の進歩によるものと説明されたのですが、そのような法則はないというのが今日的見解です。近隣の社会なら影響もありますが、地域が離れ時代が隔たっているなら、人間も社会も関係をもつことはないので影響関係はありません。名称が同じでも実体が同じとは限りません。

　用語上、「封建制」であれば、中世西欧の封建制とか周の封建制、鎌倉時代の封建制のように使います。主従関係という支配階級内での上下関係が、土地と軍役を媒体として成り立っていたという共通項はありますが、内容的にはだいぶ違います。「荘園」は無産の支配階級（貴族）が領主として所有、支配する大土地のこと。そこには生産労働をする農民（被支配民）が、自由な移動を禁止されて生活しています。

④地図にはリトアニアの南にもロシアとありますが、ロシアは2つあるのですか？

　ロシアの飛び地は、カリーニングラードです。中世のドイツ騎士団領〜近世のプロイセンと歴史的にはドイツ人の領域でした。第一次世界大戦でドイツが負け、内陸国ポーランドがバルト海へ通じる領域（ポーランド回

廊）を得たことで、この地（東プロイセン）は西のドイツと分断されました。第二次世界大戦でもドイツは負けたため、戦勝国のソ連が占領、領有化しました。ソ連崩壊後、元ソ連内共和国のリトアニアやベラルーシが独立しますが、元東プロイセンの地はそれらの国の固有領土でないのでここには編入されず、ソ連政府を継承したロシア共和国の領土となりました。カリーニングラード（元ケーニヒスベルグ）は西欧に最も近い入口として、ロシアの経済の中心地となっています。

⑤神聖ローマ帝国（ドイツ）の領邦と独立国の違いは何ですか？

　領邦は中世〜近代の諸侯領のことです、諸侯はその領域内での政治権（内政、徴税、裁判権など）をもっています。ドイツでは半独立状態にある領邦が自立した国として独自の外交、軍事までも行っていました。帝国都市も自治権を持っているので領邦と同等でした。

　こういうこともあります。ドイツ騎士団領という領邦は 16 世紀にプロイセン公国となり、その領主ホーフェンツオレルン家は後に王の称号を得て、プロイセン王国となります。こうした独立国でも、神聖ローマ帝国（ドイツ）という概念領域のなかでは領邦のひとつでもあるわけです。

⑥神聖ローマ帝国は、古代ローマ帝国とどう違うの？

　ローマ教皇が東ローマ（ビザンティン帝国）に対抗するために西ローマ帝国を復活させたのがフランク王国シャルルマーニュ（カール大帝）の戴冠でした。フランク王国が分裂してしまい、のち東フランク（ドイツ地域）のザクセン公オットー大帝に戴冠して神聖ローマ帝国が成立しました。しかしこれは実態のある国ではなく概念的な領域でした。ドイツという国はまだありません。地理的な概念です。

　この神聖ローマ帝国は古代のローマ帝国とは性格が異なります。中世という時代は王・諸侯・騎士が領民を支配していましたが、神聖ローマ帝国では皇帝と王は同義で、有力諸侯の中から 7 選挙侯により選ばれた皇帝がローマ教皇のもとに行き、帝冠を授かる儀式を行うことで正式に神聖ローマ皇帝となりました。つまり領邦君主の方が皇帝より優位にあったのです。

皇帝は一度決まれば基本的には世襲ですが、王家の血筋が絶えたり、諸侯間の対立が甚だしく皇帝の地位が形骸化した「大空位時代」などもありました。15世紀からはハプスブルグ家が世襲しています。

⑦英仏百年戦争は結局どちらが勝ったの？

　百年戦争の場合、フランス領内の所領をほとんど失ったイングランドが負け、というのが妥当です。

　フランスはもともと諸侯が多く力がありましたが、長い戦争で諸侯勢力が弱体化し、王の権力が強まります。イングランドはこの戦争で王家発祥のノルマンジーをはじめとする大陸領地を失い、王の失墜が顕わにされ、強力な王権へのチェック機能が作られていきます。これが議会制の始まりです。つづくバラ戦争により、諸侯間の潰しあいと淘汰がおこなわれ強力な王権ができますが、議会が機能することでバランスの取れた権力構造が作られていきました。

　百年戦争といってもずっと戦争をしていたわけではありません。そもそも戦争は農閑期にしかやりませんでした。最終的にフランス国王軍が仏内のイングランド王の領地をすべて奪い大陸から追い出すまでに、115年も費やしたということです。仏王軍が窮地になったとき突如現れたのが神憑りの少女ジャンヌ・ダルクで、フランスを勝利に導いたといわれます。

⑧イングランドはイギリスのことですか？

　イギリスはイングランドの通称名ですが、世界史では歴史性が問題となるので、イギリス＝イングランドではありません。国という概念が今と異なり、王の領有地および王と諸侯との封建的関係が維持されている地域が中世の国です。百年戦争前のイングランドは、フランス内の半分以上のイングランド所領とグレートブリティン島の南東部を指します。今のイギリスはグレートブリティン島とアイルランド島北部を占めていますが、百年戦争で大陸の所領を失ったものの、グレートブリティン島の中央部西のウエールズと北方のスコットランドとを合併し、アイルランド島を侵略して現在のようになりました。イギリス（UK）の正式名を調べてみましょう。

第5章　中世のヨーロッパ　83

第6章 欧州の近世

1 ルネサンス

　欧州の近代は3つのファクターが重要な位置を占めます。この3つ、ルネッサンス、宗教改革、大航海は密接に結びついています。欧州内部に溜まった力が一気に爆発した時代だと考えてください。そのきっかけを作ったのはオスマン・トルコ帝国でした。その視点を持って見ていきましょう。

　15世紀、ビザンティン帝国は東方のイスラム勢力オスマン・トルコに迫られていました。先進地域で火器を操れるイスラムと中世を色濃く残すビザンティン帝国との力関係は一目瞭然でした。1453年、メフメト2世の率いるオスマン軍はコンスタンチノープルを包囲し、軍艦の山越えという空前絶後の策を用いて攻略し、東ローマ時代から1000年の歴史を誇るビザンティン帝国に終止符を打ちました。メフメト2世はここをイスタンブール（イスラムの都）と改名し自らの都としました。

　この動乱期にビザンティン帝国の支配者・知識人階級（皇族、貴族、僧侶など）は国を捨て、北のロシアや西のイタリアの地に逃れました。イタリアに新しい時代が生まれる原動力がここにあったのです。また、ロシアではビザンティン帝国の宗教であるギリシア正教を保護したことから、やがてロシア皇帝がその頂点となります。

　当時イタリアは小国分立状態が続いていましたが、これらの諸国は十字軍以来の東方（レバント）貿易と内陸への中継貿易で経済的な繁栄を謳歌していました。当時のイタリアはヨーロッパの先進地域で、ほとんどが大商人の合議制の自治都市で共和制を敷いていました。国王や諸侯が支配する中世的な体制とは違っていたのです。フィレンツェのメディチ家、ミラノのヴィスコンティ家、スフォルツァ家などが代表的な大富豪です。

古代ローマの伝統が復活

15世紀のイタリア半島

難民となったビザンティン帝国の支配者・知識人階級は、こうしたイタリア諸都市に迎えられました。彼らが、古代ローマ帝国時代の伝統を蘇らせたのです。イタリアの諸地域にもローマの伝統はありましたが、1000年もの歳月の間に荒廃したり失われていました。一方、ビザンティン帝国内は、シリアやギリシアを含め紀元前からの遺産を保持しつづけていました。難民たちはこれらの遺産（思想、宗教、芸術、技術等）をローマの故地にもたらしたのです。こうして、富豪のパトロンのもと、古典古代の文芸は文芸復興という形で「ルネッサンス（再生）」が始まりました。

中世はすべてが神の教えであるとする、キリスト教が支配する世界でした。人々はその元で束縛と禁欲の中で生活をしていました。しかし、遠い過去には、まばゆい日の光を浴びた躍動的で開放的な人間が、ギリシア・ローマの神々とともにあったことを知ります。おりしも、溢れる富の使い方に窮していた商人たちは、ここぞとばかり先を争って投資を行いました。

自由な空気はイタリアの各都市に広がり、時代の申し子たる天才たちがここかしこに出現しました。レオナルドやミケランジェロは万能の天才としてその頂上をきわめますが、その裾野には無数の天才がいたことを忘れないでください。これらの天才の業績は人類の遺産として今に残っています。ヒューマニズム（人文主義）が生まれた時代がどのようなものだったかを思い巡らせながら、画集、図版、書籍から読みとってもらいたいと思います。作品の名称だけを知っていても無意味で、見たことはあるが誰が

作ったか知らなかった絵や彫刻などもたくさんあるはずです。こういうものの写真をたくさん見て、これが好きというお気に入りを見つけてみてください。

こういった新しい価値観を生み出したイタリアも、その富の集中がやがて周辺の国々には魅力となり、フランス、神聖ローマ帝国の介入を招きます。いわゆるイタリア戦争でイタリア半島は荒廃していきます。一方、ルネッサンスの波は、逆にアルプスを越え西ヨーロッパに伝わり、新たな段階へと進んでいくことになります。

ちなみに、「モナ＝リザ」の作者はダ・ヴィンチという名ではありません。当時は庶民に苗字はありません。作者にあたる人はいつもレオナルドと呼ばれていて、どこのレオナルドかわからない場合、出身から「ヴィンチ村（家）のレオナルド」という意味で、「レオナルド・ダ・ヴィンチ」と呼ばれました。

2 宗教改革

ビザンティン帝国からもたらされたキリスト教は、教皇を頂点とする西ヨーロッパのキリスト教とは大きく違っていました。当時、ローマ教会はサン・ピエトロ大聖堂の再建のため贖宥状（免罪符）を販売し、「買えば買うほど神の国が近い」と純粋な人々に“お布施”を強要していました。この問題に対し、ヴィッテンブルグ大学の神学教授マルティン・ルターが95カ条の論題を提示したことにより宗教改革運動に火がつきました。

ルターは純粋に神学上の立場から神のことば、聖書にもとづく純粋な信仰を意見しましたが、これは教皇存在の否定にもつながりかねないものでした。そして、ルターが教会制度へ投げかけた疑問は一人歩きを始め、当時の社会にあった矛盾が一気に爆発します。諸侯同士の対立、民衆の領主への反発や教会への不満に結びついていきます。時代は既存の体制を変革する流れに代わり、神聖ローマ帝国では騎士戦争、ドイツ農民戦争の内乱へ発展しました。もはや宗教論争の域を越えてしまったのです。ルターはその状況に言を翻しましたが、何ら効力は持ちませんでした。

30年以上にわたる社会混乱の末、1555年のアウグスブルグの宗教和議で諸勢力の調和が模索されます。端を発したのが信仰の自由だったので、和議もその点に集約されます。ここでは、個人の信仰の自由はいっさい認められず、各諸侯にその支配領域での宗教に対する選択権（カトリックかルター派か）が認められました。つまり、真の信仰の自由はなく、政治解決が図られたわけです。この決着によりドイツの領邦化は進み、19世紀まで分裂国家を続けることになります。

　ちなみに、決着までの過程で神聖ローマ皇帝カール5世が約束を反故にしたことにカトリック派でない勢力が抗議（プロテスト）したことで、カトリックでないもののことをプロテスタントと呼ぶようになりました。

各地の宗教改革

　ドイツとは別に、スイスでも宗教改革が行われました。スイスの都市は、古くから交通の要衝として栄えており、自由な気風の元、16世紀ジュネーブでも宗教改革が起こりました。これ以前にもチューリッヒでツヴィングリーが宗教の刷新を唱えたことがありました。

　カルヴァンは救済はすでに決まっているという予定説の教義と、それを確信するために職業に専念することを説きました。禁欲的な職業倫理の結果生まれた富は、神の恵であり、救済の証であるとした考えは、成長しつつあった商工業者に受け入れられます。つまり、それまで経済活動による利益は神に納めるものとされていたのですが、個人の所有が認められると解釈されたのです。カルヴァンによる宗教解釈は広く受け入れられ、カルヴァン派は商工業者が成長しつつあった西欧各地に広まりました。カルヴァン派はフランスではユグノー、イングランドではピューリタン、スコットランドではプレスビテリアン、ネーデルランドではゴイセンと呼ばれていました。

　イングランドでも、英王ヘンリー8世の愛人問題を機に宗教改革が始まります。スペイン王女キャサリンと離婚し若く美しいアン・ブリンとの結婚を考える王にとって、離婚を認めないカトリックは目の上のたんこぶでした。かれは首長令を発布し英国国教会（アングリカン・チャーチ）を宣

第6章　欧州の近世／*87*

キリスト教宗派の違い

	カトリック	ルター派	カルヴァン派	英国国教会
主張	教皇至上主義。教皇・教会による聖書の解釈	聖書主義、信仰至上主義	徹底した聖書主義、予定説	カトリックの儀式を踏襲、プロテスタントの教義を一部入れる折衷。国王のもとでの国家教会主義
教会と国家の関係	政教一致。教会は至上の権威。信仰を前提とした国家観	政教分離。君主の権力、身分制など封建的秩序を肯定	政教一致。牧師と信徒代表による共和主義的な神政政治	政教一致。英国国王を首長とする。教会を国家の統制下におく
職業観	営利事業を蔑視	職業に貴賤はなく、神から与えられた天職	勤勉と禁欲。資本主義的な営利事業を肯定	営利事業肯定
支持層	教皇派・皇帝派の諸侯	反皇帝派の諸侯、富農、富裕市民、自由都市	商工業者など新興市民、知識人	封建貴族、保守的農民
伝播域	南欧、中欧、西欧などのほか。イエズス会により、アジア、アフリカ、中米に広がる	ドイツ北部、北欧	スイス、フランス（ユグノー）、オランダ（ゴイセン）、スコットランド（プレスビテリアン）、イングランド（ピューリタン）　※（ ）は各地での名称	イングランド

　言します。イングランド中の教会をローマ教会から切り放し、自らがそのトップとなりました。これにより、国内ではローマ教皇の拘束をいっさい受けることがなくなったのです。表面的には離婚問題ですが、本質的には国王による外国勢力の排除と国内政治的、経済的統一を目的としたものでした。その結果、英国国教会の成立は宗教改革とは名ばかりのようで、教義の上でもカトリックとの違いは鮮明ではありません。しかし、ローマ教皇の支配から脱したという点に関しては改革であり、英国内統合には大きな意味を持ちました。ローマ教会にとって痛手であったことは言うまでもありません。

　事の成り行きを付け加えると、ヘンリ8世は当初の目的アン・ブリンとの結婚を見事に果たし、王女エリザベス（後のエリザベス1世）をもうけることになります。ちなみに、前后キャサリンとの間に生まれたメアリーはスペインのフェリペ2世に嫁ぎ、英国内ではメアリー1世としてカトリック復活をもくろみ、宗教弾圧を行ったので、ブラッディー・メアリー

の名で恐れられました。今もカクテルにその名を残しています。

　一方、新興勢力に追い立てられたローマ・カトリック教会も自己変革を迫られ、内なる改革が起こることになります。対抗宗教改革と呼ばれる改革運動でイエズス会（ジェズイット会、耶蘇会）が中心となり教皇至上の確認、内部の粛正、宗教裁判の（魔女狩りも）強化、禁書目録制定などを行い、新教派に対抗しました。イエズス会は軍事組織を持つとともに海外にも布教活動を進めキリスト教の拡大を図ります。日本に来たフランシスコ・ザビエルはイエズス会創設メンバーの中心的な人物の一人です。マラッカでヤジロウという日本人に出会い、彼に洗礼を施し、ポルトガル領になっていたマカオ経由で鹿児島の坊津に上陸しました。その後許可を得て日本で布教活動を行いました。ちなみに、イエズス会は今も日本に支部を置いていて、ミッション系の上智大学も経営しています。

3　大航海時代

　15世紀までヨーロッパは閉じた世界だったといえます。例外的に13世紀、突然ロシアの方からタタール（モンゴル）の大軍が攻めてきて、東方にあるという伝説のキリスト教国プレスター・ジョンへ救いを求めようとしたほど当時のヨーロッパはパニック状況に陥りましたが、そのような戦闘は一時的なもので、徐々にヨーロッパの諸地域は安定し、商業活動が盛んになり、力は蓄えられていきました。15世紀になり、オスマン・トルコがイスラム世界を統合しヨーロッパへと拡大してきました。オスマン・トルコは東方貿易からの利益に目をつけ、ヨーロッパで増大する香辛料（胡椒）に対し関税の強化を図りました。これにより、香辛料を直接手に入れられないかという期待がヨーロッパの中に生まれていきました。この背景には商業に不可欠な金銀の欠乏があり、マルコ・ポーロの『世界の記述』（東方見聞録）にみる黄金の国ジパングへのあこがれと結びついていきました。

　ヨーロッパの拡大の先陣を切ったのは、イベリア・イスラムとの交流により外の世界への知識も航海技術も優っていたポルトガルでした。15世

紀前半、エンリケ航海王子の指揮のもとアフリカ西海岸を少しずつ南下し、1488 年にはバルトロメウ・ディアスが南端の喜望峰へ到達。その 10 年後、ヴァスコ・ダ・ガマは孤軍奮闘しアフリカの南端まで行き、少し東に回ってみたら、そこにいたのはなんとオスマン・トルコのイスラム商人でした。そして、イスラム商人を水先案内にして、インド（カリカット）へと到着します。これにより、イスラム圏を経由せずに直接香料貿易が可能となったのです。もちろんオスマン・トルコにとっては大きな痛手となりました。しかし、もっと大きな痛手を被るのが、中継貿易で繁栄していたイタリア諸都市国家でした。

1492 年、レコンキスタの完成で喚起にわくスペイン王宮に現れたのが、ジェノバ生まれの船乗りコロンブスでした。リスボンで航海術とトスカネリーの地球球体説を学び、確信を持って大西洋航路の発見を説いていきました。スペイン女王イザベルの支援を受け、コロンブスは同年サン・サルバドル島に到着します。その後計 4 回の航海で新大陸支配への足がかりを作りました。コロンブスは死ぬまでここがインドの一部だと信じていたため、最初に到着した島々は西インド諸島（西経由で行くインドの島々）であり、そこに住む先住民はインディアン（インド人）というネーミングでした。黄金の国ジパングを見つけようと躍起になっていたようでもあります。この大陸が欧州人にとっての新大陸と気づいたのは、アメリゴ・ヴェスプッチの探検でした。アメリカの名称の由来となります。ちなみに、コロンブスの名はコロンビアとして残っています。

ポルトガルとスペインはともに覇を争っていましたが、教皇の仲裁により勢力範囲が子午線で東西に分割されました。その後ポルトガルのカブラルが偶然漂着し発見したブラジルとスペインのマゼランが到着したフィリピン（王フェリペの地）は例外となりました。南米ではスペイン語がほとんどですが、ブラジルがポルトガル語なのはこうした理由からです。

グローバル化の始まり

新大陸の発見は貿易の形態、規模を大きく変えることになります。これを商業革命と呼びます。貿易の主体は国家となり、イタリア諸都市や南ド

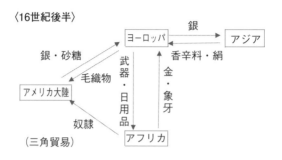

イツの諸都市を衰退に導きました。また、メキシコ銀の流入でインフレが起き、物価が高騰しました。これを価格革命といいます。中世から生産物地代に依存していた領主層が没落し、経済活動をすればするほど富が増える新興の商人たちが勃興していきました。やがて支配構造の転換を見ることになります。

新大陸からは銀ばかりでなく、新しい食物として、じゃがいも、とうもろこし、トマト、かぼちゃ等がもたらされ、これまでのヨーロッパ内陸部での食糧難の解決に役立ちました。タバコや梅毒といったものもいっしょにもたらされます。

この時代から、それまで地域ごとに発展していた世界が一体化し始めることになります。一体化はけっしてよいことばかりではありません。未開と発展、合理と不合理等々の価値観の衝突が起き、強弱により解決が図られまた。その第一の犠牲が南米の先住民たちです。金を求めるコンキスタドール（征服者）によってアステカ帝国やインカ帝国という国々は滅ぼされました。銀の採掘や農場で強制労働をさせられ殺されていった先住民（インディヘナ。「先住民族」という意味で、インディアンやインデオと語源が違うので注意）も犠牲者です。修道士ラス・カサスのように、この時

代にあってもこうした植民地政策を非難しつづけた人物もいましたが、その声はかき消されていきます。先住民が滅亡してしまった地域では、必要な労働力を確保するためアフリカから黒人を奴隷として連れてきました。彼らが第二の犠牲者といえるでしょう。やがて、17世紀には北米でオランダ、イギリス、フランスの植民活動が展開します。このときの犠牲者は言うまでもなく、北米のネイティブ・アメリカンであるインディアンたちです。

このように、世界は一体化した途端にヨーロッパ的な価値により支配されていきます。アジアの大国も時間差はあっても例外ではありません。18～19世紀にかけ西アジア、インド、東南アジア、中国に西欧の植民地化の波が押し寄せます。東のはずれ日本の明治維新はこの流れの中にあったと考えることができます。現在の世界を考えると信じられないことかもしれませんが、その始まりは15世紀からの大航海時代にあるのです。

4　絶対主義

絶対主義とは、「没落しつつあるがなお力を持つ封建勢力と、成長しつつあるがいまだ単独では力を得られない市民階級とのバランスの上に成り立った、国王による絶対的支配権力」と定義されます。国王は封建勢力に

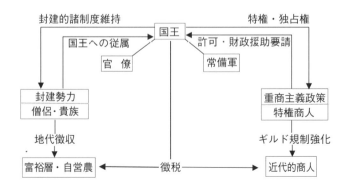

【絶対王政の構造】

絶対主義国家の変遷

	1500	1600	1700	1800
イギリス	テューダー朝（ヘンリ8世　エリザベス1世）	前期スチュアート（ジェームズ1世　チャールズ1世）　共和政	後期スチュアート（ジェームズ2世　ウイリアム3世・メアリ2世）	ハノーヴァー朝（ジョージ1世）
フランス	ヴァロア朝（アンリ4世）	ブルボン朝（ルイ14世　ルイ15　ルイ16世）	第一共和政　帝政　ブルボン朝（シャルル10世）　オルレアン朝（ルイ・フィリップ）　第2共和政　ナポレオン
スペイン	ハプスブルク朝（カルロス1世（カール5）　カール5世（カルロス1））	ブルボン朝
オーストリア	ハプスブルク朝	ハープスブルク＝ロートリンゲン朝（マリア・テレジア／ヨゼフ2世）
プロイセン	ホーエンツォレルン朝（フリードリヒ2世）
ロシア	リューリック朝（イヴァン4世）	ロマノフ朝（ピョートル1世　エカチェリーナ2世）

身分上の特権を与え、宮廷貴族や官僚、常備軍の将校として働かせ、市民階級へは財政的な援助を負担させる代わりに商業的な保護を与えました。国王の中央集権的絶対権力は官僚と常備軍によって支えられ、その維持のために重商主義といういわゆる貿易差額主義により利潤を得る財政政策を必要としました。常備軍とは常設されている軍隊のことです。それまでの軍隊は戦争の時に狩り集められた兵隊によって構成されていましたが、常備軍にすることで訓練や装備などがいきわたり強くなったわけです。

　絶対主義国家の歴史は戦いの歴史でもあります。王権による国内の統合の流れと、他国との領地争いが国際的関係を生み出しました。王朝の相続争いや宗教対立がきっかけにはなりますが、本質は王権の拡大をめざしたものです。ヨーロッパでの関係が植民地でも反映され植民地間戦争も起きました。「バランス　オブ　パワー」（力の均衡）の考え方ができたのがこの時で、自力本願と相互不信が根本にはあるといえます。今の欧米にもこうした考えは受け継がれ、集団安全保障のような考え方が存在しています。

　市民階級の成長にともなって時代は変化し、やがて王権を倒す市民革命という変革を迎えます。

　各国の絶対主義は以下のポイントを押さえると分かりやすくなります。

〈スペイン〉

　フェリペ２世の治下、レパントの海戦でオスマン・トルコから地中海覇権を奪い、新大陸やフィリピンを領有し「太陽の没することのない帝国」を築きました。ただ北部ネーデルランド（オランダ）が独立したことで経済力の一部を損なうことになります。

〈フランス〉

　アンリ４世がナントの勅令を発し国内の新旧両教徒の対立（ユグノー戦争）を終結させ、王権を安定させました。続くルイ13世の治下に三部会（聖職者・貴族・都市市民による議会）を停止し、貴族やユグノーの力を削ぎ、次のルイ14世で絶対主義の最盛期を迎えます。

〈イギリス〉

　ヘンリー８世の首長令後、メアリー１世（スペイン王フェリペ２世の妻でもある）のカトリック巻き返しを経て、エリザベス１世の治下最盛期を

迎えます。アルマダの海戦でスペインから海上覇権を奪い、エンクロージャー（囲い込み）で羊毛産業が主産業となり、経済的に優位に立ちます。
〈神聖ローマ帝国〉
　三十年戦争で諸外国が介入し、地域が分断し統一が見込めず領邦化が固定化しました。オーストリアとプロイセンとが二大国として台頭することになり、今後この二国が主導権争いを続けます。プロイセンのフリードリヒ２世、オーストリアのマリア・テレジアの政策を押さえるようにしましょう。
〈ロシア〉
　ピョートル大帝の近代化政策により国力が高まり、18世紀エカチェリーナ２世のとき全盛期を迎えます。

世界史の疑問あれこれ

① ルネサンスはイタリアで始まったそうですが、どのように終わったのですか？

　一番大きな原因は、東方貿易の衰退とイタリア諸都市の荒廃です。オスマン・トルコの盛隆により東方貿易が衰退し、大西洋岸の国々から大航海時代がはじまると、富はイタリアからそちらに移ります。それに伴いルネサンスもイタリアからアルプスを越へ外にひろがります。イタリア自体は諸共和国が分立していたところにローマ教皇に影響力を及ぼそうとフランスと神聖ローマ帝国が常に武力介入しました。都市共和国内も支配者層で内部抗争が起きており、政治的な荒廃が進みました。ルネサンスという文化が続く要因が、経済的にも政治的にも消え去ったわけです。

② コロンブスはジェノバ人となっていますが、イタリア人ではないのですか？

　イタリア半島は北部の都市共和国郡と中部の教皇領、南部のナポリ王国と分裂していました。イタリア人というときは歴史的、地理的な領域での

名称です。イタリアという国ができるのは 19 世紀後半です。ジェノバ人というのは北部都市共和国のひとつジェノバ共和国の人という意味です。厳密にはジェノバ人ですが、国籍云々という制度が厳しかったわけではありません。日本で考えれば、例えば織田信長。彼は尾張人です。日本人でもありますが、出身地で特定します。近代的な国家という概念が生まれてくるのは 18 世紀後半以降のことだからです。

③「〜1世、〜2世」がたくさん出てきますが、それはなぜでしょう？

　子供の名前の付け方で父の名をつけるという習慣は世界中であります。漢字圏では一字取るということで徳川家では家光、家綱、綱吉……みたいにしますね。同じ名前を付けた場合、子供のときはニックネームで呼ぶからいいとして、父が没し家を継ぐと、先代のことなのか今上なのかわからなくなるので数字でカウントします。○○2世のあとに○○1世は絶対に来ません。王家はどこでも基本的に血縁関係で継承されるので、同じ名前の王がいたりします。フランスではルイ王というと 18 人もいます。しかし、歴史的に重要なルイ王は 9、13、14、16、18 ぐらいなものです。字面では混乱しそうですが、何をした人かを見れば簡単に区別つきます。

第7章 市民革命と産業革命

1 イギリスの市民革命

　市民革命は、絶対王政や封建的な支配層に対して、商工業によって成長した都市の市民層が中核となり起こる社会変革です。欧州では16世紀、北部ネーデルラントがスペイン・ハプスブルグ家の支配から脱する戦争がもっとも早い市民革命といえるでしょう。ただ、これには異論もあります。

　次にイギリスのスチュアート朝に対する、清教徒革命・名誉革命が前半期の流れです。世界史ではこれらを踏まえ、王政を完全に覆し、現代に通じる近代の政治的思想体系を打ち立てたアメリカ独立革命とフランス革命を市民革命の典型的なものと考えます。市民革命が先行したイギリスは、市民層（産業ブルジョア）の力により産業革命が進み、他国を圧倒的に凌駕する大英帝国の基礎を築きます。産業革命がはじまる背景も重要なので、話はイギリスから始めます。

　エリザベス1世の死によりチューダ朝が断絶し、スコットランドから遠縁のジェームス1世を迎え、（前期）スチュアート朝が始まります。イギリス絶対主義の後半にあたるのがこの時期です。すでに市民層は成長し自立できるほどの力を持つようになっていましたが、そうした社会の動向を見ず、絶対王政を強化させていこうとする王との軋轢がやがて革命へと向います。

　注意点は、ジェントリーやヨーマンが発達してくる経緯を産業との関係でみることです。そして彼らが、議会というイギリスで生まれた政治機構を活用し、政治的にも伸張していく様子を、王との対立という事象から押さえることです。王が宗教的な対立を政治的に用いていることに着目すると、対立関係が明確になってきます。

社会は振り子のように常に左右に揺れ動いています。右への押さえつけが厳しいと左へ向かう反発が大きくなり、革命へと向かいます。しかし、元に戻ろうとする反動や行き過ぎを是正する力が働き、革命の進行は鈍り再び揺れが右の方に戻り始めます。イギリスもフランスの革命もこの点は似ています。ただ、社会が違うので同一視することはできません。アメリカ独立革命（独立戦争）は単独に扱いますが、イギリスの革命の別な形態として捉えることができます。アメリカは独立するまではイギリスだったのです。

前期スチュアート朝

　エリザベス１世の時代、イギリスは急速に力を伸ばします。外では北米のヴァージニア植民や海賊上がりのウイリアム・ドレイクなどを用いた私掠船（私拿捕船）貿易、つまりスペイン船を襲って略奪することを王みずからが奨励していました。当時最大のスペイン艦隊（無敵艦隊）を壊滅させるほどで、国内産業の発達にともない東インド会社設立なども行われました。国内では第一次エンクロージャー（囲い込み）により農地を羊の放牧地に占有して、毛織物業が産業として発達していきます。これを担ったのが、ヨーマン（独立自営農）です。地方行政を担って王権を支えたのが地主階級のジェントリー（郷紳）です。彼らは中央議会へも地域の代表となり力を伸ばしていました。貴族勢力はすでにバラ戦争（15世紀）で大半は没落しています。

　こうしたなか、スコットランド王のジェームス６世がイングランド王位を継承し、ジェームス１世として即位します。市民層が成長しているイングランドの状況を考えず、王権神授説を振りかざし、専制政治を行おうとしました。議会の「大抗議」にもかかわらず、一部大商人を優先させ、国教主義を強化し、中小の産業家が多いピューリタン（清教徒）を圧迫しました。ちなみに、この圧制を逃れてアメリカに渡った始まりがメイフラワー号のピルグリム・ファーザーズです。

　その子チャールズ１世は父以上に専制を強めました。議会の伝統を無視して徴税を行ったり、不当逮捕をしました。議会が提出した「権利の請

願」を一旦は承認するものの、無視して議会を解散します。

　その後、プレスビテリアン（長老派）の優勢なスコットランドの国教化を企て遠征をもくろみ、戦費調達のための議会を11年ぶりに開かざるをえなくなったとき、議会側がそれまでのうっぷんを爆発させました。これを契機にピューリタン（清教徒）革命が起きます。

イングランド共和国

　名称からもわかるように革命の主体はピューリタンです。王党派 vs. 議会派という構図で始まり、議会派オリヴァー・クロムウェルの鉄騎隊の登場で王を捕虜とします。第二段階では、議会が内部で対立していきます。立憲王政をめざす長老派（議会内の貴族・大商人）vs. 左派のクロムウェルの独立派（中産階級）、その他に急進左派の水平派（下層階級）がいました。クロムウェルは水平派と組んで長老派を追放し、チャールズ1世を処刑し、イングランド共和国（コモンウエルス）を樹立しました。これがピューリタン革命です。

　その後、クロムウェルは中産階級に有利な政策を急速に進めます。水平派の弾圧、アイルランドの征服と植民地化、スコットランドの平定など近隣・国内で武力遠征を謀りました。また国内産業の保護、貿易の振興を行い、この延長で商敵のオランダに対し航海法を制定し圧迫を加えるとともに第一次英蘭戦争を起こします。クロムウェル自身は護国卿となり軍事的独裁者となります。

後期スチュアート朝

　クロムウェルの死後、反発する勢力により揺り戻しが起き、長老派と王党派に共闘が成立し王政復古（前王の子、チャールズ2世の即位）となります。ただし、議会は以前のような王政ではなく、議会の調整を図るための形式的な王政の復活を意図していました。しかし、隠れカトリック教徒のチャールズ2世は、フランスのルイ14世と密約を結ぶなど反動政治を進めました。議会はこれに対し、公職者は国教徒に限るとした「審査法」と、不当逮捕の禁止を決めた「人身保護法」を決議し対抗しました。

王の死後、王位継承問題が発生します。チャールズ2世の弟でカトリック教徒ジェームスの即位に反発する勢力（後のホイッグ党）と、これを認める勢力（後のトーリー党）が対立しました。しかし、彼に後継がいなかったことで妥協が成立し、ジェームス2世として即位しました。ジェームス2世も根っからのカトリックだったので、審査法を無視し、旧教徒を要職につけたり宗教寛容令を出したりし、カトリック勢力の拡大を企てました。

　しかし、彼に男児が誕生し後継問題に焦点が当てられたとき、議会は予期される王の専制を排除するために、王の廃位を決定します。さらに、ジェームス2世の娘であるメアリー（国教徒、メアリー2世）とその夫でネーデルラント総督のオラニエ公ウィレム（チャールズ2世の甥、ウィリアム3世）を王位継承者として英国に招きました。このときの条件として議会は「権利の宣言」を承認させ、これを「権利の章典」として発布させました。ジェームス2世に味方する勢力はもはやなく、王はフランスに亡命せざるを得なくなります。こうして無血のうちに王を交替させることに成功したことを誇り、「名誉革命」と呼ぶようになりました。

　この後、議会多数党による内閣という政党政治が行われていきます。2人の死後は妹のアンが即位します。同君連合を結んでいたスコットランドと合同し、イングランドはグレートブリテン王国となりました。

ハノーヴァー朝

　アン女王の死後、継承者がいなくなったスチュアート朝は断絶し、遠縁のドイツのハノーヴァー家のジョージを迎え、ハノーヴァー朝が始まります（1714年）。この王家は第一次大戦中の1917年、敵対するドイツの名称を英国王家の名称として用いることができないとし、王家の別荘の地名をとってウインザー朝と改名し、現在に至っています。このジョージ1世は英語もできず、イギリスの習慣など全く理解せず、郷里ハノーヴァーで過ごすことが多くありました。次のジョージ2世もイギリス統治には興味を示さなかったため、内閣が議会に対し責任を負うという「責任内閣制」と、「王は君臨すれども統治せず」の原則が生まれました。

世界史の疑問あれこれ

①**東インド会社だけでなく、西インド会社もあった!?**

　フランス、オランダには西インド会社というものがありました。変な名称だと思いませんか？　つまり、東インドは東の方にあるインド（本家インド）のこと、西インドは西の方にあるインド（＝新大陸）のことなのです。コロンブスが誤解したせいで両方ともインドとされてしまったので、東・西をつけて分けていました。会社の担当地もほぼ同じです。

　フランスは度重なるイギリスとの植民地戦争（第二次百年戦争）で完敗し、植民地を失ったので、西インド会社も解散しました。オランダの西インド会社は新大陸でイギリスに破れ潰れました。

　東インド会社は貿易会社であるだけでなく、植民地の統治（行政）を国から任されていて、統治機構も兼ねていたのが特徴的です。ちなみに、ナポレオンのエジプト遠征は、イギリスとインドの最短ルートを押さえることで、経済的にダメージを与えることを目的としたものでした。

2　アメリカ独立革命

　17世紀初頭のヴァージニア植民やピルグリム・ファーザーズの移住以来、イギリス人の北米への植民が進みました。しかしその目的は、宗教的・政治経済的理由とまちまちで、形態も国王の特許状を持つ「自治植民地」、国王から贈与された「領主植民地」、国王直轄地の「王領植民地」からなっていました。北部ではピューリタンにより多く商工業や自営農業が発展していました。一方、南部では奴隷制プランテーションという大農場経営が行われていました。これらの植民地は植民地議会を持ち、自治、自由、自主独立の機運が13の植民地に共通するものでした。

　1763年、フレンチ＆インディアン戦争でフランスは敗北して北米植民地を失い、北東部はイギリスの独壇場となりました。これにより植民地政策も変わります。

それまでは重商主義政策で、イギリス本国に有利に物品課税や生産統制がおこなわれ、植民地独自の貿易禁止するなど自立化を抑制してはいましたが、わりと緩やかな支配でした。13の植民地間の利害も必ずしも一致せず、フランス植民地との抗争を援助してもらう必要などの事情から本国との表立った対立は起きませんでした。しかし、1763年以降、ジョージ3世は賠償で得た広大な新領地への移住を禁止したり、戦費の穴埋めのために矢継ぎ早に課税強化に出たのです。

　この事態に対し大陸会議が開かれ、全植民地の代表によって連合植民地の結成、植民地人の権利と自由の確保、本国との連合関係の調整が問題となりました。当初は「代表者なくして課税なし」の言葉に表されるように植民地の自由と自治の回復が目的で、独立を考えるものは3分の1程度でした。しかし、本国の軍事的抑圧が強まると、「我らに自由を与えよ、しからずんば死を」というパトリック・ヘンリーの演説や、トマス・ペインが書いた『コモン・センス』により、独立の機運が高まっていきました。

　独立戦争は植民地側の勝利となりましたが、決してイギリスが負けたわけではありません。新大陸で勢力伸張、巻き返しを図ろうとしていたスペイン、オランダ、フランスが、イギリスの弱体化を目論み植民地側を支援しました。これを嫌ったイギリスが妥協してこのような決着をしたと考える方がいいでしょう。イギリスはたとえアメリカを失っても、広大なインドがありました。

　しかし、アメリカがイギリスから独立したことは、ヨーロッパの自由主義・ナショナリズムの高揚をもたらし、フランス革命とラテンアメリカの独立運動へと結びついていったことは事実で、歴史的意義は大きいものになります。なお、「独立宣言」は現在にも通じる真理でもありますが、黒人奴隷や先住民族（インディアン）に目を向けておらず、それはアメリカの歴史を考えると矛盾に満ちていたといえるでしょう。

　アメリカにとっての最大の課題は、独立後の形態にありました。これを規定する合衆国憲法制定の動向は、その後の合衆国の歴史（第二次米英戦争、南北戦争、黒人問題、共和党 vs. 民主党など）を見る上で非常に重要になります。

【アメリカ独立対立関係図】

【アメリカ合衆国 独立宣言（抜粋）1776年7月4日】
　われわれは、以下の事実を自明のことと考えている。つまりすべての人は生まれながらにして平等であり、すべての人は神より侵されざるべき権利を与えられている、その権利には、生命、自由、そして幸福の追求が含まれている。その権利を保障するものとして、政府が人民のあいだに打ち立てられ、統治されるものの同意がその正当な力の根源となる。そしていかなる政府といえどもその目的に反するときには、その政府を変更したり、廃したりして、新しい政府を打ちたてる人民としての権利をもつ。……現在の英国国王による歴史は、傷つけ、奪ってきたことの繰り返しであり、その直接の目的は、これらの州への絶対専制を打ちたてることである。これを証明するために、偏見のない世界へ事実を知らせたい。

 ## 世界史の疑問あれこれ

② 13植民地への印紙法の施行で、イギリス政府にはどんなメリットがあったのでしょうか？

　印紙は簡単に言うと税金です。今も高額の売買のときは領収書に収入印紙を貼らなくてはならないし、免許証申請のとき、窓口で手数料を払うと印紙を貼ってくれたりします。これにより領収書はお墨付きを得て公的な証明になります。印紙代として国にお金を払うので、つまり税金です。

第7章　市民革命と産業革命　103

印紙法はこれを極端にしたもので、売買されるものには印紙を貼らなければならないとしました。いわゆる消費税です。13 植民地はそのような課税を突然されたので怒りました。英国の法律で課税は、代表が選出された議会の承認によることが権利の請願・権利の章典によって確認されていますから、「代表なくして課税なし」と怒ったのです。

なぜこのようなことになったのか。英国の議会法では、議員は地方と都市の代表者から成るのが昔からの規定で、新しい植民地のことは念頭になく植民地には代表権がなかったからです。

3 フランス革命とナポレオン戦争

すでに昔のことになってしまいましたが、みなさんはベルリンの壁の開放やルーマニアでのチャウシェスク大統領処刑、ソ連の崩壊を、映像で見た覚えがありますか？　1990 年前後、およそ 70 年続いた社会主義の終焉とも思える出来事が続きました。旧体制（アンシャン・レジューム）が音を立てて壊れる歴史的な瞬間だったわけです。まさにフランス革命とは、数百年も続いてきたアンシャン・レジュームが完全に崩れた時代でした。

たった 20 年間の出来事

舞台は 18 世紀後半のフランスです。ルイ 14 世後半以来の財政悪化も省みず、王侯貴族たちは生活を変えず、それどころか改革を妨害しさえしました。しわ寄せは当然、第三身分である平民へ降りかかります。おりしも啓蒙主義により、理性が重視され、社会の不合理に光が当てられていった時代です。すでにアメリカは旧支配を打破していました。風は自由と平等の旗をなびかせました。1789 年 5 月、三部会の召集に始まります。

革命の推移は日記のように細かく書かなければならないので要点のみ記します。まず政治制度という大枠を押さえましょう。制度が刻々と変化しますが、制度が変わるということは政治が変わったことを意味します。フランス革命期の以下の変遷はたかだか 20 年間のことですが、この革命での社会変動がいかに劇的であったか感じることが出来るでしょう。

（憲法制定）国民議会→立法議会（立憲君主制）→国民公会（共和制）→総裁政府（反動政治）→統領政府（独裁カムフラージュ政権）→帝政（ナポレオン独裁）

　革命中の出来事が逐次政治に影響を与え、政治が新たな状況を生みだすという、次に何が起きるかわからない、息もつけぬ時代だったのです。

フランス革命の概略

　まず、国民議会の時代に「フランス人権宣言」が出されました。これは、「アメリカ独立宣言」とともに最重要です。

【フランス人権宣言（抜粋）1789年】
前文　国民議会として構成されたフランス人民の代表者たちは、人の権利に対する無知、忘却、または軽視が、公の不幸と政府の腐敗の唯一の原因であることを考慮し、人の譲りわたすことのできない神聖な自然的権利を、厳粛な宣言において提示することを決意した。この宣言が、社会全体のすべての構成員に絶えず示され、かれらの権利と義務を不断に想起させるように。立法権および執行権の行為が、すべての政治制度の目的とつねに比較されうることで一層尊重されるように。市民の要求が、以後、簡潔で争いの余地のない原理に基づくことによって、つねに憲法の維持と万人の幸福に向かうように。こうして、国民議会は、最高存在の前に、かつ、その庇護のもとに、人および市民の以下の諸権利を承認し、宣言する。

第1条（自由・権利の平等）　人は、自由、かつ、権利において平等なものとして生まれ、生存する。社会的差別は、共同の利益に基づくものでなければ、設けられない。
第2条（政治的結合の目的と権利の種類）　すべての政治的結合の目的は、人の、時効によって消滅することのない自然的な諸権利の保全にある。これらの諸権利とは、自由、所有、安全および圧制への抵抗で

第7章　市民革命と産業革命／105

ある。

第3条（国民主権） すべての主権の淵源は、本質的に国民にある。いかなる団体も、いかなる個人も、国民から明示的に発しない権威を行使することはできない。

第4条（自由の定義・権利行使の限界） 自由とは、他人を害さないすべてのことをなしうることにある。したがって、各人の自然的諸権利の行使は、社会の他の構成員にこれらと同一の権利の享受を確保すること以外の限界をもたない。これらの限界は、法律によってでなければ定められない。

第10条（意見の自由） 何人も、その意見の表明が法律によって定められた公の株序を乱さない限り、たとえ宗教上のものであっても、その意見について不安を持たないようにされなければならない。

第11条（表現の自由） 思想および意見の自由な伝達は、人の最も貴重な権利の一つである。したがって、すべての市民は、法律によって定められた場合にその自由の濫用について責任を負うほかは、自由に、話し、書き、印刷することができる。

第17条（所有の不可侵、正当かつ事前の補償） 所有は、神聖かつ不可侵の権利であり、何人も、適法に確認された公の必要が明白にそれを要求する場合で、かつ、正当かつ事前の補償のもとでなければ、それを奪われない。

　また、このとき施行された「封建的特権の廃止」が不十分で、しかも王妃マリー・アントワネットが農民たちの行動を見て言ったといわれる「パンがなければケーキを食べればいいじゃないの」という言葉に象徴されるように、国王側も事態の深刻さを理解していませんでした。したがって革命はますます進行します。

　穏健派は国王の元で議会を運営する立憲君主制をめざしました。しかしこの立法議会のもとで王一家はヴァレンヌ逃亡事件を起こします。国王が亡命しようとしたのですが、これを国民は裏切りと解しました。王妃の祖国オーストリアが一家保護と革命阻止の動きにでると、議会はこれを外国

と結ぼうとする国王の背信行為とし、王権を停止しました。もはや君主を必要とせず、共和制を求めることになります。

　新選挙により国民公会が開かれ（第一）共和制へと移行します。ジャコバン派の指導のもと国王たちの裁判が開かれ、ルイ16世とその家族はギロチン台に送られ処刑されました。革命の最頂点です。このとき施行された「封建的貢租の無償廃止」と亡命貴族の財産処分により旧体制下の特権階級の特権が剥奪され、すべての国民が一通り革命の恩恵を受けることとなります。つまり、「パンが得られ空腹が満たされた」ので、国民はこれ以上の革命の進行を求めなくなっていきました。急進的な政治が進むのを好まなくなり、国民公会を仕切ってきたジャコバン派の恐怖政治は終わりを告げることになります。

ナポレオンの登場

　その後、政治は左右の烈しい揺れが続き社会は混乱します。そこに現れたのが軍事的英雄ナポレオン・ボナパルトでした。安定した国を求める国民は彼にすべてを託し、野心家のナポレオンは皇帝に登り詰めていきます。

　周辺諸国は革命の波及とフランスの巨大化を恐れ、包囲網を形成します。ナポレオン軍はこれを破り、ヨーロッパ全土を征服します。征服地ではフランス革命の理念である「自由とナショナリズム」が諸国民に広がっていきました。ナポレオン法典はフランス革命の理念と成果を成文化したものといえるのです。

　やがて、ナポレオンはロシア遠征の失敗でフランス国内での人気が下落し、ナポレオンが諸国民に広めた革命の理念が、逆にフランスという異民族支配を嫌悪させるようになり、諸国民解放戦争が勃発、ナポレオンは敗退し帝位を追われ、イタリア沖のエルバ島に流されます。

　ヨーロッパ諸国はウィーン会議を開き戦後秩序の立て直しを話し合っていましたが、各国の利害が交錯し、「会議は踊る」と言われたようにまとまりがありませんでした。その矢先、ナポレオンが島から脱出し、政権復帰を果たします。欧州諸国は慌てて応戦し、イギリス・プロイセン連合軍によりワーテルローの戦いでナポレオンを破ります。捕らわれたナポレオ

第7章　市民革命と産業革命／*107*

ンは大西洋の孤島セントヘレナに流されることになりました。まもなくナ
ポレオンは亡くなるのですが、その死因は毒殺とも胃癌だったともいわれ
ています。

　この一連のフランス革命とナポレオン戦争の結果は、歴史を一歩も二歩
も先に進めました。戦後の世界秩序を昔に戻そうとしたウィーン体制で一
時的には旧体制の復活があったものの、革命が撒いた種は失われることは
ありませんでした。

　フランス革命とナポレオン戦争の結果、ヨーロッパとアメリカ大陸での
自由主義、国民主義の大きなうねりが生まれ始めました。一般民衆が歴史
の表舞台に現れてきたといってもいいでしょう。民衆が「国家」というも
のの構成員として、これに帰属していると初めて自覚したのがここからで
す。それまでの時代は、王や貴族などの一部の権力者が支配しているもの
で、民衆が国家を作る主体であるとの考えにはおよびもしなかったのです。

ウィーン体制から帝国主義へ

　こうした考えや流れをくい止め旧体制の存続を図ろうとしたのが、ナポ
レオン失脚後のウィーン体制でした。体制の指導者でもあるオーストリア
の宰相メッテルニヒは、自由主義の動きを軍事力でことごとく潰そうとし
ました。しかし、一度動き出したものは止めることは出来ませんでした。

　ウィーン体制下では転機が二度あり、1830年と1848年に注目して各国
の動きを見ておく必要があります。この二つの分岐点を超えて、ヨーロッ
パは近代国家へと変貌を遂げます。

　この頃、イギリスは他のヨーロッパ諸国に比べ半世紀分先を行っていま
した。大陸の西側は産業革命が進行し、中欧は国家統一にしのぎを削り、
東欧は逆に農民の締め付けが強化され歴史が逆行していきます。アメリカ
大陸はヨーロッパから離れているので、旧支配から脱し独自の展開をしま
す。これは北と南で事情が異なります。アジア・アフリカへの侵略・植民
地化は徐々に進行していきますが、19世紀後半にはいると、これがより
傍若無人になっていきます。いわゆる帝国主義の時代に突入することにな
るのです。

フランス革命年表

ブルボン朝絶対王政	
三部会	憲法制定国民議会成立
1789.5　三部会招集	1789.6　球戯場の誓い
第一身分　308 人	7　バスティーユ牢獄襲撃
（聖職者）	8　人権宣言
第二身分　85 人	10　ヴェルサイユ行進
（貴族）	1791.4　ミラボー死去
第三身分　621 人	6　ヴァレンヌ逃亡事件
（平民）	9　立憲君主制憲法成立

立憲王政
立法議会成立
1791.1　議会招集（フィヤン主導）
1792.3　ジロンド派内閣成立
4　オーストリア宣戦布告
8　八月一日事件→王権停止

第一共和政		
国民公会ジロンド派とジャコバン派対立	ジャコバンは独裁	1794.7 テルミドールの反動
1792.9　国民公会招集	1793.6　ジャコバン派独裁	7　ロベスピエール処刑
9　王政廃止、共和政宣言	6　共和政憲法制定	1795.8　憲法制定
1793.1　ルイ 16 世処刑	7　封建的特権の無償廃止	10　国民公会解散
3　ヴァンデ一揆	10　マリー・アントワネット処刑	
	1794.4　ダントン処刑	

総裁政府
1795.10 総裁政府成立
1796.5　バブーフの陰謀
1789.5　ナポレオンのエジプト遠征
1799.11　ブリュメール 18 日のクーデター

統領政府
1799.12 統領政府成立
1800.5　イタリア遠征
1801.2　リュネヴィル和約
7　教皇庁と和解
1802.3　アミアンの和約
8　ナポレオンの終身統領
1804.3　ナポレオン法典

Napoléon の帝政
1804.5 皇帝即位
1805.10　トラファルガの海戦（N 敗）
12　アウステルリッツ三帝会戦（N 勝）
1806.7　ライン同盟結成（神聖ローマ帝国消滅）
11　大陸封鎖令
1807.7　ティルジット和約
1812.5　ロシア遠征（N 敗）
1813.10　ライプツィヒの戦い（N 敗）
1814.4　退位／エルバ島流刑
1815.6　ワーテルローの戦い（N 敗）
10　セントヘレナ島流刑

世界史の疑問あれこれ

③ **フランス革命における、封建的特権の有償廃止と無償廃止の違いは？**

　貴族の特権を廃止することですが、ここでは貴族の経済的裏打ちとなっていた独占的な土地所有の特権が最も重要となります。革命の中で貴族の土地を小作人が自分のものにしてよいことが決まりましたが、その方法は有償（小作人が金を払い買い取る）と無償（無条件で譲り渡す）がありました。経済力のある小作人は少数だったので、有償では形式的なものとなり、ほとんど意味がありませんでした。農民にとっては、土地を得ることが革命期の大きな目標でした。いったん無償で土地が配分されるとそれを失いたくないので、保守化し急速に社会の安定化を求めるようになっていきました。

④ **フランス革命のジロンド派とジャコバン派の違いは？**

　革命の到達点についての考え方の違いです。立法議会の初期、立憲王政を主張するフィヤン派（自由主義貴族や上層市民支持）に対し、共和制を主張したのがジロンド派（中産階級、商工業者支持）でした。この他に王党派もいました。フィヤン派は国王のオーストリアとの共謀が発覚、王権停止となり力を失います。国民公会が開かれるとジロンド色が占めましたが、その中で急進的なジャコバン派が左翼に登場します。左翼とは、この時の議会で議長から見て左に座っていたことに由来します。

　ジャコバンクラブの構成メンバーは中産階級が中心ではありますが、徹底的な革命の遂行（旧体制の破壊）を主張したので、大衆（下層市民や農民）の支持を得ました。その結果、世論をバックに議会での主導権を握ったジャコバン派のもと国王処刑、共和制と移っていきます。

⑤ **ナポレオン2世っているのですか？**

　ナポレオンの息子ですね。母はハプスブルグの皇女マリー・ルイーズ。生まれたときにローマ王となり、ナポレオンの失脚でオーストリアに亡命

します。ナポレオンの復活でナポレオン2世と承認されますが、まだ2歳でした。ナポレオン流刑後、帝国復活を策謀しますが、二十歳そこそこで病死します。

4 ウィーン体制

最重要人物：メッテルニヒ（オーストリアの宰相）
理念：正統主義（仏革命以前の状態が正統だというもの）、保守主義
　　　（旧体制の固持）

　ナポレオン時代の後を受けたウィーン体制期では、主催者メッテルニヒが欧州の名門、オーストリアのハプスブルグ家の宰相というところに超保守的性格を見てください。

　そして、フランス革命とナポレオン戦争の責任を極力回避したいフランスの外相タレーランが大声を上げているところにも注目です。時代を混乱させた張本人はフランスなのですが、もしここで謝罪していたら、フランス領土は各国に分割され地図上から消えていたでしょう。それを乗り切るため、フランスは、自由主義が蔓延して各国の国内が混乱していたり、互いに利害対立をしているという状況をうまく利用して、「革命で国王も処刑された。フランスも被害者だ。混乱を収めるには昔どおりに戻すしかない」と責任の矛先を自国に向けさせないように策を弄しました。その結果、欧州を混乱に陥らせておきながらフランスは無傷でした。権力の主体を変えることによってそれ以前の状況を帳消しにしたわけですが、ヨーロッパでは珍しいことではありません。国内に政治権力を握れる母体が複数存在するから出来ることです。

　収拾がつかず「会議は踊る」といわれたウィーン会議での決定が事後の歴史のスタートになるので、各国の「収支」をきちんとおさえておきましょう。領土変更は必ず地図で確認することが必要です。

　そして、二つの保守同盟「神聖同盟」と「四国（五国）同盟」の存在意義を明確にしておきましょう。前者は、キリスト教的同胞愛による平和を

ウィーン会議後の欧州

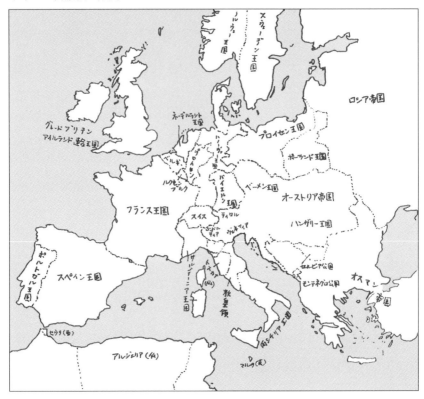

めざそうとする精神的なもので、欧州キリスト教国の君主同士によるものです。したがって、イスラム教のオスマン・トルコ、君主でないローマ教皇は加盟していません。また、英国王は「君臨すれども統治せず」の原則で君主に権限がないので入りませんでした。

　影響力があったのは後者です。英、露、墺（オーストリア）、普（プロイセン）、のちにフランスが入ります。これが各地の自由主義的な動きを軍事的に押さえつけていきました。

5 ウィーン体制下での各国の自由主義運動

〈フランス／オーストリア〉

　自由主義勢力の反政府運動が展開されましたが、鎮圧されました。

〈ドイツ〉

　ブルシェンシャフト（学生組合）を中心にした自由と統一を求める運動が行われましたが、メッテルニヒのカールスバードの布告により組合解散、出版の自由制限などの弾圧が加えられました。

〈スペイン／ポルトガル〉

　ブルボン家が復活し、反動政治に対し自由主義者が憲法制定の運動を起こしましたが、フランス軍が介入し鎮圧されました。

〈イタリア〉

　オーストリア支配からの解放と統一をめざしカルボナリー党が活動し、ナポリ王国で立憲政治を行いましたが、諸国が介入し弾圧されました。

〈ロシア〉

　自由主義の空気を吸った士官たちがツァーリ（皇帝）の専制政治に反対し、ニコライ1世の即位の日にデカブリスト（12月党）の乱を引き起こしましたが、失敗しました。ニコライ1世はこれに腹を立て、反動政治に徹することになりました。

〈アメリカ大陸〉

　南米はスペイン・ポルトガルの植民地が大半で、本国の動きには敏感です。合衆国が独立したことも大きなインパクトであり、独立の機運が高くありました。その先陣を切ったのはフランス領のハイチです。本国の革命混乱期に乗じ独立します（1804年）。その後ナポレオン戦争で本国（スペイン、ポルトガル）が征服されたのを契機にシモン・ボリバールやサン・マルティンなどに率いられた独立運動が南米のスペイン領で展開され、1810年代には事実上独立しました。メキシコではイダルゴが指導し、1821年に独立。ブラジルは本国ポルトガルの王子をかつぎ1822年に独立しました。

　ウィーン体制を堅持しようとするメッテルニヒは、もちろんこうした流

第7章　市民革命と産業革命／113

ラテンアメリカの独立

れを押さえつけようとしました。しかし、ナポレオン戦争時、本国との行き来が途絶えていた南米との間に新市場開拓を企てていたイギリスの外相カニングが反対し、独立を承認しました。そしてイギリスは五国同盟を離脱しました。欧州の干渉を好まない合衆国も大統領モンローが、新旧大陸の相互不干渉を宣言（モンロー宣言、1823年）し、南米の独立を後押ししました。こうしてメッテルニヒの企ては阻止され、ウィーン体制にも歪みが生じていきました。

6 産業革命

イギリスでは、ジョージ2世の治下の1733年、ジョン・ケイの飛び杼（織物を織る際、横糸を自動的に送る装置）の発明が契機となり、産業革命が進展します。産業革命とは生産方法の機械化とそれにともなった産業・経済・社会の大変革の総称で、この出来事が起こるためには資本・市場・労働力の三要素が豊富に必要でした。

イギリスでは毛織物業の発展と重商主義政策によって民間資本が蓄積され、英仏第二次百年戦争にともなう植民地戦争の勝利によって広大な植民地が形成されていきました。そして、第二次エンクロージャー（囲い込み）に象徴される農業の資本主義経営、すなわち「農業革命」が進展します。大地主は共同地ばかりでなく中小農民の土地を囲い込み、広大な農地を資本家に貸し、資本家は新耕作法と賃金労働者を用い大規模な食料生産を行いました。この結果、土地を失った農民は賃金労働者として都市に流れ込み、豊富な労働力とされたわけです。これに加えて、科学・技術水準の高さや豊富な鉱物資源（石炭・鉄鉱石）を保有していたことがプラス要因として働きました。

イギリスはインドから綿織物を輸入していましたが、木綿の便利さが需要を高めていきました。毛織物産業が発展していた国内では、中東や南米から輸入した綿花を使った綿織物への転換が急速に進み、全世界に輸出するようになります。そのきっかけがジョン・ケイの飛び杼です。

綿布の需要が高まると手作業では間に合わず機械化が必要となり、蒸気

機関の応用へと結びついていきました。蒸気機関には鉄と燃料の石炭が必要となり、工鉱業が発展します。輸送のための鉄道網や運河網も整備され、より速く、より多くという社会になっていきました。

　一方でその歪みは大きく、人口の都市集中により生活環境は劣悪なものになります。ただでさえ天候の良くないイギリスで、大都市の空は年中煤煙に覆われ太陽が出ることがなくなりました。工場労働者の住むアパートは狭く、上下水道の整備も追いつかず、病気にならないのが不思議な衛生状態でした。労働も過酷で、労働時間14、15時間は当たり前、20時間労働すらありました。残業代という意識も制度もまだありません。女性も子どもも労働者はみな低賃金、長時間労働をさせられていました。

　やがて、こうした社会問題や労働問題は政治課題となり、労働組合の設立や工場法の制定につながります。19世紀前半に起こったラッダイト（機械打ち壊し）運動は、機械化により職を奪われた熟練工や手工業者のデモンストレーションで、産業革命が進展して起きた出来事です。同時期に表面化してくる選挙法改正運動も、都市部と農村部に生じた人口格差により生まれた腐敗選挙区の是正を目的とするものでした。ただし、参政権が一般民衆に与えられたわけではなく、新興産業資本家が中心でした。これに不満を持つ労働者は男子普通選挙、議員有資格の廃止などを訴えた「人民憲章」（ピープルズ・チャーター）を掲げ、チャーティスト運動を行っていきます。

 世界史の疑問あれこれ

⑥ 港のあるリバプールの方が原料・製品の運搬には便利なのに、なぜ綿工業は内陸のマンチェスターで栄えたのでしょう？

　マンチェスターは炭鉱、鉄鉱山を控えています。たしかに綿花の運搬を考えるとリバプールの方がいいですが、マンチェスターでは機械を作ることができ、エネルギー源の供給もできました。炭鉱と生産地が一緒であれば、労働者を集めるのも便利です。マンチェスターとリバプールは50キロほどしか離れてないので、運河が作られまもなく鉄道も敷かれました。

第8章 19世紀の欧州と米国
——自由主義と国民主義

1 七月革命

　ヨーロッパでウィーン体制が明らかに崩れ始めるのは1830年からで、それはヨーロッパの東西で起きます。1つはギリシアの独立、もう1つが復興したフランス・ブルボン朝の倒壊です。

　まず変化が起きたのが、ギリシアの独立運動（1821 〜 1830年）です。オスマン・トルコに支配されていたギリシアは、19世紀の初めから独立運動を行っていました。ヨーロッパではギリシアに対して一種の憧憬があり、この独立運動にも共鳴する者が多かったのです。これに対しメッテルニヒは神聖同盟を動かしこれを弾圧しました。ところが、ロシアはこの期に乗じて南下し、地中海への足がかりをつけようと画策していました。これを嫌うイギリスはフランスを誘ってロシアに近づき、反オスマンということで協調させ、単独でのバルカン半島への直接的な進出を阻止しました。当のギリシアは三国の支援のもとで独立を達成することができました。これは最終的に1830年のロンドン会議で承認されます。この支援はギリシアのために積極的に行われたものではなく、独立は列強の対立のなかで得られた、「瓢箪から駒」のようなものでした。経緯はどうあれ、ウィーン会議後初の領土変更であり、ウィーン体制が動揺したことは事実でした。

　より大きな影響を持ったのがフランスでの出来事です。ブルボン朝（ルイ18世）の復古王政は、言論・思想・信仰などの自由や私有権の不可侵など、ある程度は革命の成果を認めていました。しかし、立憲君主制とは名ばかりで、人口の0.3％の有権者による制限選挙のもとで成立したのは、旧貴族・大資本家・地主層による政府でした。議会は「王よりも王党的」といわれるほど保守勢力が圧倒していました。

ルイ18世のあとを継いだシャルル10世は自由を弾圧、首相にポリニャックを据えカトリック保護、亡命貴族（エミグレ）への補償など徹底して反動的な政治を行いました。これに対し議会下院と衝突したため、王は七月勅令を出し議会停止に踏み切りました。これが原因となり市民が蜂起、七月革命が起きます（1830年）。フランス革命時代に名を馳せたラファイエットはこの時すでに70歳を超えていましたが、自由を旗印に戦い、率いられた市民は3日間の市街戦で勝利しました。その結果シャルル10世は亡命、傍系オルレアン家のルイ・フィリップが「フランス人民の王」として推され、七月王政が開かれました。この政府は銀行家などの大資本家により支えられており、この時期にフランスでも産業革命が進展します。

フランスの体制の変遷
復古王制（ブルボン朝擁護王党派）→七月革命→七月王制（大ブルジョワ政権）→二月革命（中小ブルジョア政権・第2共和制）→ルイ・ナポレオンのクーデター→帝政（ナポレオン3世）

七月革命の各地への影響

〈ベルギー（南ネーデルランド）〉

1830年8月のブリュッセル暴動の末、オランダ王国からの独立宣言。憲法を発布しレオポルド1世を迎え、立憲王政を樹立しました。間髪入れずオーストリア・ロシアは干渉しましたが、イギリス・フランスが支持し、ロンドン会議で独立が承認され、永世中立国となります。

〈ポーランド〉

兼王のロシア皇帝（ニコライ1世）に対し反抗が始まります。1830年11月、ワルシャワで革命蜂起を起こし、仮政府のもと独立宣言します。しかし、ロシアの武力弾圧により潰されてしまいます。列国は無関心でポーランド王国は廃止され、ロシアの一州に組み込まれてしまいました。

〈ドイツ連邦〉

ブルシェンシャフト（学生運動）が組織され自由主義運動を展開し、各領邦で憲法制定を行います。しかし、オーストリア・プロセン・ロシアにより弾圧されました。

〈オーストリア〉

　ハンガリーで自治権要求の運動が急速に高まりましたが、メッテルニヒにより弾圧されました。

〈イタリア〉

　1831年、カルボナリー党がフランスの自由主義者の援助を受け中部でオーストリア勢力の排除を画策しました。しかし、メッテルニヒが介入し失敗に終わります。これを教訓にマッツィーニは青年イタリア党を組織し、国民的統一運動を開始しました。

〈スイス〉

　自由主義憲法を制定しました。

〈スペイン／ポルトガル〉

　自由主義憲法制定の動きが起こりました。

〈イギリス〉

　すでに数十年も前から産業革命が進んでいたイギリスは、政治的にも経済的にも他のヨーロッパを凌駕していました。社会では革命のような爆発的な出来事は起こることはなく、議会における改革により物事は進んでいきました。ただ、労働問題は深刻さを増し、ラッダイト運動（機械の打ち壊し）のような暴動も起きます（1811〜17年）。

　自由主義的な流れのなか、1830年前後に各種の改革が行われていました。イギリスは1801年にアイルランドと連合し、大ブリテン＝アイルランド連合王国となっていました。カトリック教徒のアイルランド人は政治的権利を得るために、非国教徒を排除する審査法の廃止を求め運動を展開しました。1828年にこれが廃止され、その翌年カトリック教徒解放令が出され、国教徒と同等の権利が与えられることになります。

　また、政治的改革として腐敗選挙区の排除をめざす第1回選挙法改正が実現し、選挙区の再編成と選挙権が拡大しました（1832年）。しかし、まだ制限選挙だったため、男子普通選挙、有資格の廃止などの実現に向けて人民憲章（People's Charter）を掲げたチャーティスト運動が展開します。

　経済界でも、東インド会社独占権の廃止（対インド1813年、対中国1833年）や穀物法の廃止（1846年）、航海条例の廃止（1849年）など一

部企業・団体への優遇措置や独占を排し、自由主義的な動きを見せます。前時代からの懸案事項、労働問題は一般工場法の設定（1833年）はみたものの労働組合設立などは失敗に終わりました。

2 二月革命

革命は三度、フランスで起こりました。

大資本家に支えられた七月王政は、貴族・聖職者などの王党派と中小市民・労働者階級の両極から攻撃されました。産業革命の進展で労働運動も盛んになっていました。保守色の強いギゾーが首相に就任すると、言論の自由や反政府運動を弾圧しました。大っぴらに政治運動が出来なくなったため、酒宴の席と見せかけた反政府集会が行われるようになりました（改革宴会）。

このような社会情勢のなか凶作と恐慌が重なり、社会不安は一気に高まります。1848年2月、パリのマドレーヌ広場で改革宴会中で市民と政府軍が衝突し、市街戦が始まります。二月革命の勃発です。この結果ルイ・フィリップが亡命、臨時政府が組織され第二共和制が宣言されます。臨時政府にはルイ・ブランなど労働者代表も入り、労働者の擁護に動きました。

しかし、共和制確立の過程で革命は反動化し、労働者勢力を排除していきました。社会の左右上下層が入り乱れた選挙のすえ、安定を求める農民勢力に支持されたナポレオン・ボナパルトの甥ルイ・ナポレオンが大統領に選出されました（1848年11月）。やがて彼はクーデターで独裁権を握り人民投票で皇帝となります。これが第二帝政（1852〜70年）です。

二月革命の各地への影響

〈オーストリア〉

ウィーンで三月革命が起き、メッテルニヒはイギリスに亡命します。出版の自由を獲得し、憲法制定議会召集が約束され、ハンガリーではコシュートの指導でマジャール人独立運動が展開されました。ここでは憲法が制定され、独立に近い自治権を獲得することになります。ボヘミアではチェック人の自治を承認しました。しかし、共に反革命で弾圧されてしまいました。

七月革命と二月革命の対比

	七月革命 (1830.7)	二月革命 (1848.2)
原因	シャルル10世の反動政治	大ブルジョアジー vs. 中小資本家・市民との対立、選挙制拡大を求める運動を弾圧
指導者	老ラファイエット	ラマルチーヌ、ルイブラン
性格	自由主義的変革	自由主義的変革＋社会主義的要求
親政体	立憲君主制（七月王政）	第二共和政
結果	銀行家、大地主などが政治独占、産業革命が進展	国立作業所開設（失敗）、保守派に対する労働者の武装蜂起（失敗）
影響	ベルギー独立革命ポーランド独立運動→ウィーン体制動揺	ウィーン、ベルリンでの三月革命、ハンガリー独立運動、英のチャーティスト運動→ウィーン体制崩壊

〈プロイセン〉

　ベルリンで三月革命が起きます。カンプハウゼン首班の自由主義的内閣が組閣され、憲法制定が約束されます。しかし、ユンカー（地主・貴族）勢力の巻き返しで立憲議会は解散、反動的な欽定憲法が発布されました。

〈ドイツ〉

　1848年5月、フランクフルトの憲法制定国民会議が開催されました。当時、オーストリア中心に全土をまとめる「大ドイツ主義」とオーストリアを排除しプロイセンを中心とした「小ドイツ主義」が対立していましたが、1849年、小ドイツ主義派がドイツ憲法を作成しプロイセン国王を皇帝に選出しました。しかし、フリードリヒ・ヴィルヘルム4世は「革命派からの帝冠は受けられず」とこれを拒否、統一問題は暗礁にのり上げ、国民会議は解散しました。

〈イタリア〉

　北イタリアで反オーストリア革命が起きると、サルディニア王カルロ・アルベルトがイタリア統一のためにオーストリアに宣戦します。しかし、敗戦し国王は退位しました。教皇領内でマッツィーニの青年イタリア党が蜂起しローマ共和国を樹立しますが、フランスに干渉され失敗に終わります。

〈ポーランド〉

　ポズナニで反乱がおきましたが、ロシア軍により鎮圧されます。

〈シュレスヴィッヒ・ホルシュタイン〉

　対デンマーク独立運動を展開するも失敗します。

〈アイルランド〉

　青年アイルランド党による反乱が起きましたが、失敗に終わりました。

〈イギリス〉

　チャーティスト運動が再燃するも、内部分裂のすえ弾圧されました。

〈社会主義運動〉

　1848年2月にマルクス＆エンゲルスが『共産党宣言』を発表。科学的社会主義が展開されます。

3　19世紀後半の動向

　この時代は帝国主義の前段階といえます。ヨーロッパでの大きな流れとしては、二つの国の統一、すなわちプロイセンを中心にしたドイツ帝国の完成と、サルディニアを中心にしたイタリア王国の統一をまず押さえましょう。その余波を浴びて変質し成立したのがオーストリア・ハンガリー帝国です。

イタリアの統一

　サルディニア国王のヴィットーリオ・エマヌエーレ2世は、カヴールを宰相に国内改革を行っていきます。クリミア戦争に参戦し、英仏の歓心を買い統一への地ならしを行っていきました。フランスの介入を防ぐため、ナポレオン3世へはサルディニア王家発祥の地であるサヴォイ・ニースを割譲し、フランスの援助をとりつけますが、背信され失敗に終わります。それゆえ独力で統一の道を歩むことになります。

　中部イタリアは人民投票により併合。南部ではガリバルディの赤シャツ隊が両シチリア王国を征服し、これをヴィットーリオ・エマヌエーレ2世に謙譲しました。その結果、1861年に一応統一が達成され、トリノを首都にイタリア王国が成立します。

　その後、普墺戦争時にオーストリア領だったヴェネチアを併合し、普仏戦争時にローマを占領、ここに遷都します。これにより教皇との国交は断絶されます。残るは「未回収のイタリア（＝ティロルとトリエステ）」問

イタリアの統一　1850年頃と1861年〈統一の中心サルデーニア王国〉

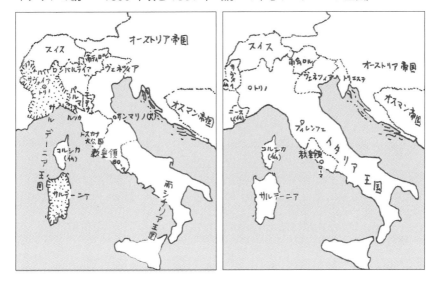

ドイツの統一〈統一の中心プロイセン王国〉

題でした。ここは第一次世界大戦時に解決をみることになります。また教皇とは 1929 年ラテラノ条約により関係を修復します。

ドイツの統一

　プロイセン王国ではヴィルヘルム 1 世が即位し、ビスマルクを宰相にいわゆる「鉄血政策」を遂行します。軍参謀にモルトケを起用して軍備拡張を進め、オーストリアを孤立させ武力による統一めざしました。普墺戦争（1866 年）で勝利してドイツ連邦を解体、オーストリアを排除し、北ドイツ連邦を組織しました。また、南ドイツとは攻守同盟を結びました。

　その後西南ドイツに対するフランスのナポレオン 3 世の干渉を排除するため、普仏戦争を引き起こします（1870 年）。これに勝利したドイツは統一を果たし、占領国フランスのヴェルサイユ宮殿でドイツ帝国皇帝戴冠式を挙行します（1871 年）。

　普墺戦争に敗れたオーストリアは、ドイツ統一から排除されました。多民族国家であったオーストリア帝国は、人口の多いハンガリー人に大幅な自治を認め、オーストリア・ハンガリー帝国として独自の帝国を維持していきます。

その他の欧州諸国

〈フランス〉

　フランスは、ナポレオン 3 世の第二帝政下でブルジョアとプロレタリアの均衡をうまく利用して内政を乗り切り、仏領インドシナ（インドシナ連邦）の形成に基礎を築いていきました。その後、メキシコ遠征の失敗と普仏戦争の敗退でナポレオン 3 世は退位して帝政は消滅、第三共和制へ移ることになります。一時期、パリ・コミューンといわれる初の社会主義政権が誕生しますが 2 カ月で崩壊しました。その後は左右の対立、小党分裂で政情不安定が続くことになります。

〈イギリス〉

　イギリスは、大陸とは一線を画し独自路線を歩みます。自由党と保守党による議会制民主主義が確立し、選挙法改正（第 2 回は 1867 年、第 3 回

バルカン半島（1913年）

は1884年）により男子普通選挙実施されます。女性の参政権は20世紀に入ってからのこととなります。労働組合法なども成立し、政治闘争から福祉や厚生を目的とした運動に重点が移ります。イギリスで大切なのは、この時期に植民地帝国が完成することです。世界の重要拠点はことごとくイギリスのものになっていました。そして、ヴィクトリア女王のとき英領インド帝国が成立します（1877年）。イギリスは経済力と海軍力を駆使し、世界に目を光らせていきました。そして次の標的となったのが、中国だったのです。清朝に対するアヘン戦争（1840〜42年）以後の侵略の方法は、計算し尽くされたものでした。

〈ロシア〉

ロシアは当時、西欧に比べるとまだまだ途上国でしたが、地中海へ出るルートを獲得するために黒海を勢力下に入れ、何とかボスポラス・ダーダネルス海峡の自由航行権を得ようと、再三に渡りオスマン・トルコに圧力をかけました。バルカン半島ではオスマン・トルコの弱体化によりスラブ

第8章　19世紀の欧州と米国

系少数民族の独立運動が活発化しており、それに支援を送ったのもそのためでした。しかし、この思惑はロシア南下を嫌う英仏によりことごとく潰されました。

やがてドイツがバルカン半島に触手を伸ばしてくると、この地域はヨーロッパ列強の利害がぶつかりあう場となっていきます。第一次世界大戦がこの地で勃発するのは必然だったわけです。

アメリカ合衆国
〈南北戦争と黒人奴隷解放〉

アメリカでは西部開拓が進み、1890年代までにフロンティア（未開拓地との境界）が消滅することになります。そこでの一番の課題は、南北の対立でした。奴隷制プランテーションに立脚する南部は自由貿易と州自治拡大を望み、産業革命が進行中の北部は保護関税政策と中央権力の強い連邦制を望んでいました。貿易政策の違いは国際競争力の有無に起因し、南部は農産物をどんどん自由に売りたいが、北部の工業は自由化されて外国の安い商品が入ってきたらひとたまりもなかったので保護政策を設け、中央政府の強力なバックのもと工業化を進めたかったのです。国を二分する南北戦争（Civil War 1861 ～ 1865年）は、こうした経済的対立が原因で起こりました。

北部出身の大統領リンカーンは、工場での労働力不足を南部が所有する黒人奴隷を解放させ、それをあてることで改善しようと考えました。「奴隷解放宣言」は、この意図で発せられたのです。そしてこれは、社会で広まっていた人道主義の共感を得て、北部の大義名分となりました。国内でも欧州でもこの大義は受け入れられ、欧州は人道に反する南部を支持せず、公然とは貿易することができなくなりました。経済力を失った南部は、劣勢となり敗退することになります。

南北戦争の終結で奴隷は解放されましたが、元黒人奴隷の生活状況は、以前とは比較にならないほどひどいものとなっていきました。それまでは、黒人は南部の主人の所有物だったので、衣食住の最低レベルは確保されていました。その待遇は主人の人物次第で、勿論ひどいものもありましたが、

家族に近い処遇もあったのです。しかし、解放後は、低賃金労働者として雇われるため、生活は自前となり、奴隷以下になってしまいました。南部で雇われるのはまだましで、追い出されて北部の工場労働者となったものは最低賃金労働力となり、劣悪な環境で生活しなければならなくなりました。奴隷解放宣言が人道主義的な救済でなかったことは、この状況を見れば容易に察しがつきます。当時は、黒人とインディアンに人権はなかったのです。こうして労働力と広大な国内市場をもつに到った合衆国は、19世紀末には英・独をしのぐ工業国となっていきました。

〈アメリカン・インディアン〉

アメリカでは中西部の広大なフロンティアの開拓が、19世紀末まで続けられました。開拓は白人が17世紀に東部海岸に入植してから始まり、独立後進みましたが、米大陸には古来より先住民族であるインディアンが生活し、そこは彼らが活動領域としていた彼らの土地だったのです。

インディアンの土地所有の観念は白人のそれとは違っていたために、力のある白人側が一方的に土地を奪っていきました。インディアンが西方に移動したのは、はじめは白人移入者の圧迫によるものでしたが、後に合衆国政府の政策として行われ、西部の居留地（リザヴェーション）に強制移住させられました。インディアン側は不当性を法廷闘争で繰り広げたこともありましたが、それほどの成果はありませんでした。

西部開拓はインディアンの土地を奪うことと表裏一体です。白人は土地を獲得するためには手段を選ばず、インディアンを絶滅させるために彼らが生活の糧にしていたバッファロー（野牛）すら殺戮していきました。こうして、フロンティアの開拓は19世紀末に完成して、合衆国の各地に移民による町がつくられ、広大な国内市場が形成されたのでした。

 世界史の疑問あれこれ

①リンカーンの奴隷解放は平等主義の象徴？

残念ながら、そうとはいえません。北部利益擁護の共和党出身の大統領

であったリンカーン自身は、どちらでも良かったようです。

　当時北部は産業革命が進んでいましたが、欧州よりは遅れていて競争力はありませんでした。保護貿易で国内産業を発展させる必要性があったのです。また、中西部への市場拡大も必要となっていました。しかし、その両面で南部の自由主義政策と奴隷制大農場経営が立ちはだかり、南北戦争（Civil War）が勃発しました。

　北部利益擁護には、南部の力を削ぐのが一番です。そのために黒人奴隷を解放させ南部の労働力を失わせ、かつ南部を支持する欧州勢力を人道的見地から援助しづらくさせる狙いがありました。解放させて北部の工業労働力にするという点も重要ですが、こちらは欧州移民も沢山いたので、一義的な目的であったかどうかは検討が必要です。いずれにせよ、リンカーンに平等主義を見ることは幻想でしょう。

②いつもフランスで革命が起こり、皇帝が出て来るのはなぜ？　第○共和政の違いってなんですか？

　フランス革命を経て、フランス社会の根底には自由・平等という思想があります。しかし、現実がそれについてこない。上は大資本家から下は労働者までみな政治的に平等となるまで、革命が続いたのです。

　社会階層の上から段階的に参政権を得ていきますが、権力を握ると下を弾圧して、人口の多い下が爆発して革命が起こります。政治的には右派から左派まで活発なので、収拾がつかなくなると、内乱に疲弊した人々は社会秩序を求め、カリスマ的な皇帝にそれを委ねたのです。

　第○共和制というのは、主権者が人民で、議会制、民主主義であれば基本的には共和制です。新しい体制になるのは、革命や敗戦、社会的な混乱が起きた結果です。そのとき社会で求められたことが憲法で規定され制度化されます。詳細まで知る必要はありませんが、参政権の範囲や大統領の権限などを個々に押さえておくといいでしょう。ちなみに現在のフランスは第五共和制です。

第9章 帝国主義と被植民地

1 帝国主義

　1890年代以降、列強が世界分割を行った時代を帝国主義時代といいます。ここでいう帝国主義とは資本主義が高度に発達した形態のことで、国家の膨張、植民地の獲得が伴うものとされます。ですので、昔各地にあった○○帝国という概念とは異なります。

　植民地の拡大は第一次世界大戦で一応の決着を見ますが、その後、植民地を「持つもの」と「持たざるもの」との対決という第2ステージに向かうことになります。この時代、アジア・アフリカなど植民地に「されているもの」は無視されます。ここでいう列強とは、アメリカ、イギリス、フランス、オランダ、ドイツ、オーストリア、ロシア、イタリア、日本などをいいますが、スペイン、ポルトガル、ベルギーなども植民地を持っているのでこの範疇です。

　注目すべき地域は、まずバルカン半島とオスマン帝国の地中海東岸、次が中国です。これらは列強の勢力分割が未確定な地域だったので、みなキバむき出しで食らいつき、引き裂こうとしていました。列強間の対立が表面化していたところなので、ここを押さえれば大勢が理解できます。ただ中国は、王朝末期の民衆反乱と王朝内部の動きが複雑に絡まってくるので、内政と外政を別々に理解してから、頭の中で組み合わせる必要があります。

　その他のインド、アフリカ、東南アジア地域は各列強の勢力圏にすでに分割されているので複雑さはなく、そこでは強大な武力と巧妙な統治法での抑圧と、それに対する民族抵抗とを理解しましょう。

独占資本の形成

　第二次産業革命は重化学工業を発展させました。大規模な設備を必要とするため、多額の資本をもつ大企業が中心となります。大企業は様々な方法（カルテル、トラスト、コンツェルン）で企業体を形成し、独占資本をつくり生産と市場を独占していきました。この過程で重要な役割を持つのが、資本を提供する銀行です。産業と深く結びついた銀行を金融資本と呼びますが、巨大な企業体の中心に位置し、経済だけでなく政治をも左右していきました。日本でも○○財閥と呼ばれたのがこれにあたります。

　独占資本形成の過程で中小企業は淘汰され、そこで働いていた人々は失業などの憂き目にあいました。大企業といってもサラリーマンやOLは少なく、今の感覚で考えてはいけません。現業職を筆頭に事務職も、一般の労働者はみな低賃金に抑えられていました。また、工業化が発達すれば農村部から人口は都市部に流れ、農業は停滞します。ということで、独占資本が発達しても一般の購買力が伸びるわけではなく、社会が豊かになるわけでもありません。むしろ社会不安が増加していきます。

　独占資本はより高い利潤を追求するために海外へ進出することになります。海外で独占的な地域、つまり植民地を獲得し、そこを工業原料と安い労働力の供給地とする一方で、作った生産物の市場としました。植民地の獲得が必須のこととなり、国家をあげて邁進することとなります。これが、対外膨張政策という帝国主義の特徴です。他国との戦争に勝ち植民地を広げることは、国内の矛盾を隠し、国民の不満をそらす格好の効果を持っていました。

2　ムガール帝国の衰退

　まずはインドを見ていきます。16世紀前半、中央アジアを追われたバーブルがインド内紛に乗じて建国したムガール帝国は、第3代アクバル帝の時、ヒンドゥー教徒の懐柔に成功し、ラージプト族を同盟者に北インドの支配権を固めました。その後の数代は、ヒンドゥーとイスラムが融合し、平和的繁栄を迎えました。

17世紀後半、アウラングゼブ帝の半世紀の治下に版図は最大に達しデカン高原を支配するに到りました（60頁地図⑥）。ここをイスラム化させようとしたためヒンドゥー教徒のマラータ族に強く阻まれました。アウラングゼブ帝は敬虔なムスリムで、帝国内のイスラム化を図り、アクバル帝が廃止した非ムスリムへの人頭税を復活させました。そのためシーク教徒やパンジャブ地方でも反乱を招き、同盟者のラージプト族も離反しました。

　ムガール帝国の衰退とともに、中部以南の地域では藩王国の勢力が強まり独立するものも現れました。地域勢力の拡大が逆に帝国の衰退に拍車をかけることにもなります。

　17世紀後半、デカン高原から西部海岸を中心にヒンドゥー教徒のマラータ王国が成立し、中部インド、南インド各地に支配権を拡げ、有力な数家が中心になり同盟関係を結ぶマラータ同盟が成立しました。18世紀デリー周辺の地方政権に没落したムガール帝国にかわり勢力を持ちイギリスと渡り合いましたが、3次におよぶマラータ戦争の結果、19世紀前半滅亡します。南部ではイスラム教徒のマイソール王国が17世紀前半に成立し、南西部海岸に勢力を誇りました。ここも18世紀後半、4度にわたるマイソール戦争の結果、イギリスの支配下に組み込まれました。

イギリスの植民地経営

　イギリスがインド植民地を拡げていくのは、ムガール帝国が下降期に移るアウラングゼブの治下を前後する時期からです。広いインドの各地の対立を利用し、徴税権などの利権を少しずつ増やし、18世紀軍事力を背景にライバルのフランスを排除する（プラッシーの戦い、1758年）とともに、藩王国（地域政権）を支配下に組み込んでいきました。

　拡大に伴うイギリスの植民地経営（東インド会社が経営）は、それまでの茶や綿織物の単純な輸出ではなく、税を徴収、物産搾取の段階を経て、地域の完全支配へと移っていきました。18世紀の産業革命でいち早く工業化社会に変貌したイギリスは、インド貿易を転換させました。インドから綿花を輸入して英国内の工場で大量に製品に加工し、この機械織りの安価な商品をインドに売りつける方法へと変わっていきます。

【イギリスのアジア貿易】

【片貿易（17～18世紀）】

【三角貿易（19世紀）】

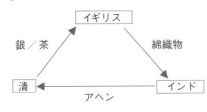

この結果インドの地場産業は大打撃を被ります。農村部ではイギリスが必要とする綿花や藍、茶、（のちにアヘン）の輸出用作物の栽培が強制され、必要な商品はイギリスから買うという、商品経済の浸透により、自給自足の村落が崩壊していきました。

一方英国内では、喫茶の習慣が広まったことで茶の需要が増え、支出も増加しました。このため工業製品を売るだけでは利益が上がらなくなりました。これを打開するために、中国にアヘンを密貿易する三角貿易を展開するようになります。

インドのイギリス支配機構でもあった東インド会社は、時とともに英国内資本家がその独占へ反発したので、貿易独占が徐々に廃止され、やがて会社領有地を国王に移譲し会社は解散しました。

世界史の疑問あれこれ

① セポイって何ですか？　どうして弾薬筒に牛や豚の油が塗られていたのですか？

セポイは傭兵のことで、語源はシパーヒーという語が訛ったもといわれます。インドの兵制はムガール帝国の常備軍ではなく、各地の有力者、マハラジャ（土豪）、将軍に召抱えられる傭兵でした。ベンガル地方など東部はイギリスが東インド会社を通して支配しており、ここの傭兵が反乱を起こします。

蜂起の直接の原因は新式の銃弾の普及でした。この銃の銃弾は今の銃弾のはしりで、薬きょう（弾薬筒）の中に火薬をいれて弾丸をかぶせ、銃筒

に込めて使うものでした。弾を銃筒に込めるときの摩擦を軽減するために薬きょうに油が塗られていました。薬きょうは紙で包まれており、使うときに（手がふさがっているので）歯で噛み切るようになっていました。この油は暑いインドの気候でも蒸発しないような濃厚なものでなくてはならず、ヒンドゥーで神聖な牛やイスラムで不浄な豚の脂肪が使われました。インド人がこれらの油を口にすることは、宗教的に許されないことだったわけです。それ以前から給与が低かったり、故郷を離れる海外派兵を強要されたりして、英人への反発が高まっていたことも見逃せません。

② 「反乱」と「蜂起」はどう違うのですか？

　「反乱」という言葉は国内支配者に対する武力抵抗のことで、ここではイギリスという外国支配者に対するものなので、単に武力を持って立ち上がったという意味で「蜂起」を使うのが最近の歴史認識です。朝鮮の甲午農民戦争も以前は東学党の乱といいましたが、外国の日本への武力蜂起なのでここでは戦争という語が使われています。

3　清朝末期の変動

　中国では清朝の末期、国内では反乱、改革、内部抗争が続きます。反乱は、過去の王朝の末期における現象と同じで、繁栄の上に安住していた王朝が社会の変化に目を向けず、腐敗や矛盾が溜まりに溜まって起きました。

　ただこの時期は、外国との関係がダイレクトに社会に影響するようになっていました。とくにイギリスです。アヘンの密貿易を国家をあげて行い、中国の銀を吸い上げていきました。これを正当に処分した清朝に対し、イギリスは公然と戦争を仕掛け、力づくでねじ伏せました（アヘン戦争 1840 ～ 42 年）。英国内には罪悪をとなえる議員もいましたが、国益の前には無力でした。一人悪者になりたくないイギリスは、フランスを誘いアロー号戦争（1856 ～ 60 年）を仕掛けます。このような見境のない手法は 16 世紀、海賊ドレークの私掠船貿易以来の伝統と言えるかもしれません。大英帝国の栄華の陰で、トルコ、アフリカ、インド、オセアニアと世

界各地で似たようなことが行われていました。イギリスを筆頭に、列強が虎視眈々と中国の植民地化を狙っていた時代だったのです。

反乱・改革から中華民国成立へ

反乱や改革はスローガンにその特徴が表されています。代表的な3つの事例を見てみましょう。

①太平天国の乱：「排満興漢」→満州人（清朝）を排除し、漢人の政権を興そう。
 ・洋務運動→「中体西用」（本体は中国、西洋のものを用いる）、「富国強兵」
 ・戊戌の変法（変法運動）→「変法自強」（法を変え、自らを強める）
 ・戊戌の政変：改革ではなく西太后による弾圧
②義和団の乱：「扶清滅洋」→清朝を扶助し、外国の勢力・物すべてを滅ぼそう。
③辛亥革命：「排満興漢」→満州族を追い出し、漢人の国を作ろう。

太平天国の乱では、「社会が悪いのは清朝のせいだ」という考えがありました。清朝は力を失っているのでこの反乱抑えることができず、地方の有力者（すでに国内は実質的には分裂状態となっている）が私兵（郷勇）を使い鎮圧しました。そしてこうした者が、強大な権力を維持している清朝内部に入り込み、外国の侵入に備えるため改革の必要をとなえ、洋務運動を展開します。これがうまくいき、同治帝の時代は「同治中興」と、社会が安定したように言われました。しかし、清朝の本体の腐敗は内部で進行しており、何も表面で大きな禍いが起きなかっただけだったということです。

こうした状況を捉えて真剣に改革しようとしたのが、光緒帝と康有為たちが行った変法運動です（1898年）。さすがに、属国ぐらいにしか思っていなかった日本に日清戦争で負けたので（1895年）、目からウロコが落ちたのでしょう。明治維新を模範に立憲君主制のもと富国強兵を実行しよう

清末の動乱

【国内】	【対外】
↓ 　　　　　（当時の『 』はスローガン） ↓	1840 アヘン戦争 42―中国の半植民地化 （背景）清朝の鎖国政策 　　　　林則徐のアヘン禁止政策 （結果）南京条約で香港島割譲・5港開港 ↓
1851 太平天国の乱 54―『滅満興漢』・土地均分 （背景）社会矛盾の増大、 　　　　清朝の無力化、 　　　　反満感情の増大。 （内容）洪秀全が広西省で反乱→南京占領 　　　　郷勇・英人の常勝軍により鎮圧 （結果）清朝の威信失墜 ↓	1856 アロー号戦争 60―第2次アヘン戦争 （背景）英国対清貿易の拡大 （結果）天津条約・北京条約で開港地増設・九竜半島割譲 　　　　仲介者ロシアは沿海州獲得 ↓
1862 同治中興 74―『洋務運動』 （背景）欧米列強の進出、 　　　　清朝の弱体化 （内容）洋務運動の展開 　　　　富国強兵・『中体西用』 （結果）官人官僚の台頭（曽国藩・李鴻章） ↓	1881 イリ条約―ロシアとの内陸国境問題 （背景）ロシアの中央アジアへの進出 （結果）イリ地方（東トルキスタン）の奪回に成功 ↓
1898 戊戌の変法（変法運動）― 近代化改革 （背景）列強の侵略激化 　　　　明治維新からの刺激、『変法自彊』 （内容）光緒帝による康有為らの近代的改革 （結果）西太后の弾圧 戊戌の政変―改革は処刑	1884 清仏戦争 85―ヴェトナム宗主権放棄 （背景）仏のインドシナ半島進出で対立 （結果）天津条約でヴェトナムへの宗主権を放棄 ↓
1899 義和団事件（北清事変）1901―『扶清滅洋』 （背景）キリスト教の布教、 列強の中国領土分割 清朝が鉄道敷設権を列強に付与 （内容）義和拳による排外運動＝西太后援助 （結果）列強の軍事的介入、 　　　　清朝屈服「北京議定書」 ↓	1894 日清戦争 95―台湾割譲 （背景）日本の朝鮮進出 （結果）下関条約で台湾割譲、朝鮮の宗主権放棄
1911 辛亥革命 ― 孫文指導の近代革命 （背景）帝国主義列強の侵略、 　　　　清朝専制政治の打倒、 　　　　中国ブルジョワジーの台頭 （内容）四川暴動→武昌革命→各地の独立 （結果）清朝の滅亡、中華民国成立	

列強の中国分割

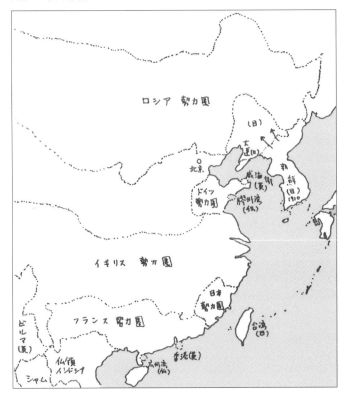

としました。しかし、超守旧派の西太后（咸豊帝の側室、同治帝の母）がそれを弾圧・阻止しました（戊戌の政変）。権力に執着するあまり時代に盲目となり、国を滅亡へと導くことになります。

　王朝内での抗争を尻目に、民衆はさまざまな社会矛盾を外国排除の一点に凝縮して義和団の乱を起こしますが、これは、まだ清朝の実態を理解していなかったという意味で悲劇でもあります。清を助けるという「扶清」を掲げていたので西太后は民衆を援助しましたが、真剣に外国排除を考えるのなら、中国の主権を制限することとなる鉄道敷設権や鉱山採掘権などを列強へ認めることはなかったはずです。

　結局、この反乱を鎮圧した外国連合8か国により、中国はズタズタにされ、回復不能・手遅れとなってしまいました。このとき英国は南ア戦争中

で大軍を送れず、日露が主力となりました。各地に植民地を持つ英国は、清の動乱を押さえる「極東の憲兵」が必要となり日本と同盟（日英同盟、1902年）を結ぶことでそれを果たしました。

　清朝は官制改革、立憲政を敷く約束をし、満州貴族中心とする内閣制を採りました。民間では、徐々に成長してきた民族資本家たちが列強のもつ鉄道利権を買い戻そうと運動していた矢先、清朝は列強から金を借りて鉄道を敷こうとしたのです。この時、英米独仏４国が連合で借款を申し出ていました。

　ここに至り、民衆はすべてを漢民族による新しい国（中華民国）を起こすことで解決しようと、辛亥革命へと向かいます。民衆の蜂起が先行し、まもなくその指導者となる人物が帰国します。亡命・留学・経済活動で海外にいた華人たちの組織、中国同盟会（東京で旗揚げ）の中心的人物だった孫文です。

世界史の疑問あれこれ

③イギリスがアヘンを密輸するなんて！

　19世紀前半までイギリスは対清貿易赤字でした。喫茶（アフタヌーンティー）が流行し、茶の輸入が増加したのが原因です。それを穴埋めするため、インド産のアヘンを密輸して外貨を稼ぎました。不当であることは分り切っていて英議会でも問題化しますが、貿易商などの圧力が強く、人道的立場は封じられます。清朝では経済問題、社会問題となり、欽左大臣の林則徐を派遣し、アヘンを廃棄処分させます。これに対しイギリスは財産権の侵害を盾に戦争を仕掛けます。それがアヘン戦争です。

　イギリスの勝利により、アヘン貿易は公認させられてしまいます。ここが欧州による中国植民地化の始まりです。このとき結んだ南京条約により香港島が割譲され、広州・福州・厦門・寧波・上海の五港が開港されます。特権商人の公行が廃止され、貿易が完全自由化されます。その後、虎門塞追加条約などで領事裁判権、協定関税、最恵国待遇などが決まります。

第9章　帝国主義と被植民地

ちなみに、アヘンは昔から麻薬としてあり、鎮痛、鎮静などの漢方薬としても使われていました。

4　オスマン・トルコ帝国の衰退

　オスマン帝国は、15世紀中頃にビザンティン（東ローマ）帝国の首都コンスタンチノープルを陥落させ、ローマ帝国2000年の歴史に終止符を打ちました。オスマン・トルコ帝国は、この古都をイスラムの都イスタンブールとし、アジア、アフリカ、ヨーロッパに領土をもつ大帝国として繁栄を謳歌しました。

　帝国は常に西方に拡大し、ブルガリア、ワラキア、セルビア、ハンガリーと支配し、神聖ローマ帝国と対峙するようになりました。その都ウィーンへの包囲攻撃は、結果として成功はしなかったもののヨーロッパ諸国を震撼させ、13世紀「タタールの恐怖」の再来、オリエント（東方）の脅威を印象づけました。

　こうしたオスマン帝国の原動力は、ギリシア正教徒子弟を徴兵したイエニチェリ制や非ムスリム宗教共同体のミレット制などの多民族政策の実施と地域経済の掌握、そして何よりも、スルタン＝カリフ制による強力な権力の一元化と中央集権によるものでした。オスマン帝国はアジア・アフリカの国であるとともに、ヨーロッパの国でもありました。18世紀前半にはチューリップ時代と呼ばれる欧州宥和策が行われ、宮廷では欧州との交流を通じて欧州趣味の文化が開花した時代もありました。

欧州勢の巻き返しと利害の対立

　17世紀後半に領土拡大が止むと、社会経済の矛盾が表面化するようになりました。第二次ウィーン包囲に失敗してからは、欧州勢の巻き返しが始まります。ハンガリーをオーストリアに、黒海北岸をロシアに奪われ、18世紀末ナポレオンのエジプト遠征をきっかけに、欧州勢による侵略が激化していきました。ここでは、帝国全盛期に欧州に恩恵的特権として与えていたカピチュレーション（領事裁判権、免税権、身体・財産の保護な

どの治外法権）制度が、逆に侵略の手段として利用されていきました。

　イギリスがインド航路を押さえるためにエジプト・パレスティナに触手を伸ばし、フランスもその対抗上エジプト・シリアに布石を打とうとしていました。ロシアの代々の南下政策も行き着く先は東地中海で、英仏の利害と真っ向から対立することは目に見えています。早い段階でそれが明らかになったのが、ギリシアの独立戦争でした。オスマン帝国は欧州勢を敵に奮迅しましたが、近代兵器の前に見事に惨敗しました。

　この戦争でオスマン帝国を援助したエジプト太守（エジプト総督）のメフメト・アリ（19世紀初頭、事実上独立していた）は、その見返りにエジプト独立承認とシリア領有を要求し、第一次エジプト＝トルコ戦争を起こします。この時エジプトには英仏がつき、オスマン帝国にはロシアがつきました。列強の目的はあからさまでした。ロシアはその見返りにボスポラス・ダーダネルス両海峡の航行権を承認させる密約を結んでいました。アリが太守世襲権要求に端を発する第二次エジプト＝トルコ戦争では、フランスがエジプトにつきオスマン帝国に勝利しました。しかし、フランスの影響力の増大を阻むため、イギリス・ロシア・オーストリア・プロイセンが干渉し、アリの主権承認はするものの、シリアは放棄させました。またオスマン帝国の安定を担保するという名目で、ボスポラス・ダーダネルス両海峡をいかなる外国艦船の通行も禁止とすることを決定しました。これでロシアの地中海進出を阻んだのです。

　このようにオスマン帝国は列強の利害対立の場となり、帝国内の諸民族（スラブ、アラブ、ゲルマン、ユダヤ教徒、キリスト教徒、ムスリムなど）の独立運動がそれを一層複雑なものにしていきました。この状況にスルタン＝カリフは力を失い、なすがままの状態でした。

　19世紀後半、バルカン半島へオーストリアとロシアが露骨に侵略してくるようになると、その地での民族運動が激化し、帝国解体につながる動きとなっていきました。そして、この列強の利権が絡むバルカン問題から、列強同士の直接の戦争である第一次世界大戦（WWⅠ）が起きていきます。

世界史の疑問あれこれ

④ **沖縄と琉球とはどう違うのですか？**
　琉球も沖縄も、『隋書』に出てくるほど古い名です。古い時代の中国書には台湾を琉球とした表記も見られ、漠然としていました。琉球王国は15〜16世紀に中継貿易で繁栄しましたが、江戸時代、薩摩藩に支配され従属させられました。王家は尚一族です。明治政府の琉球処分により王家が廃され琉球藩となり、まもなく沖縄県とされました。朝鮮・台湾の前に、蝦夷地（北海道）と沖縄で植民地政策が実施された、という見方が最近の考え方です。

⑤ **タイが植民地にされなかったのはなぜ？**
　チュラロンコーン王（ラーマ5世）がタイの近代化を行いました。行政、司法改革や軍政改革、技術の刷新を図りました。幼いとき西欧人家庭教師に習い、欧州的な教養も身に付けていたこともあり、英仏の介入を巧みにかわしました。この国王はミュージカル「王様と私」のモデルとなった人です。また、タイは地理的に南・西のイギリス領、東のフランス領に挟まれ、両者が牽制し合っていたことも植民地化を避けられた要因です。しかし、不平等条約解消のために現国境より南（マレー）と東（ラオス・カンボジア西部）を両国に割譲しなければなりませんでした。

⑥ **ヴェトナム留学生を追放するなど、日本がフランス植民地政策に協力したのはなぜ？**
　フランス領インドシナとフランスの広東地域の勢力圏は、日本の台湾植民地や福建勢力圏と隣接しています。相互に勢力圏を尊重し合うことで、無益な争いを起こさず、互いの利益を求めましょうというのが列強同士の暗黙の了解でした。そのため日仏協約や日露協約（満州─外蒙古の権益相互尊重）を結び、日本は列強の一角として帝国主義国と肩を並べていました。

列強の東南アジア分割

⑦ 韓国はこの時代からあったのですか？

　この時代「韓国」といっているのは朝鮮半島全体を占めていた「大韓帝国」のことで、今の「大韓民国」とは違います。大韓民国は、1948年に朝鮮民主主義人民共和国（北朝鮮）との対立関係の結果独立した国です。

⑧ 中国同盟会が東京で結成されたのはなぜ？

　孫文は1894年、ハワイで革命結社興中会を作り、翌年広州で革命を起こそうとしたが失敗、日本に亡命しました。当時日本には留学生や西太后の弾圧をうけた亡命者が2万人弱はいました。彼らは日本の近代化の成功に触発され、一方で半植民地と列強に侵食される母国を憂い、旧態依然の清朝打倒の革命をめざしました。彼らへは世界各地の華僑が経済支援を行っています。横浜・神戸の中華街が日本での拠点でした。日本人宮崎滔天や北一輝などとも交遊を結びました。孫文は「日本はアジア最強の国、

第9章　帝国主義と被植民地 / 141

中国は東洋最大の国、両者が提携できれば、東洋平和だけでなく世界平和の維持もたやすい」と説きましたが、日露戦争後の日本の対応はそれを砕くものでした。

⑨ 保護国と植民地とはどう違うのですか？

　植民地は国家主権を奪われ、他国の支配下に入ってしまった国・地域をいいます。これに対し保護国は、主権があり一応は独立国の体裁はもちますが、外交権を奪われ、内政も干渉された国です。中国の半植民地化というのは、主権はあり外交権などもあるのですが、欧州諸国に鉄道敷設権や鉱山採掘権などの権利をなし崩し的に奪われて、植民地に近い状態になってしまっていたのでこう呼びます。

⑩ 列強のアフリカ植民地分割はどのように進んだのですか。

　15〜16世紀の大航海時代から、アフリカは欧州の標的となっていきます。この時は奴隷貿易が中心で西海岸の沿岸部が対象であり、内陸部への侵攻は見られません。

　積極的な植民地化が起こるのは、19世紀に入り産業革命の原料供給地また市場としてアフリカの有効性が考えられるようになってからです。奴隷貿易はすでに廃止となっていましたが、社会進化論的な背景もあり、アフリカは欧州の人種や文明よりも劣ったものと見なされていました。その結果、欧州の宗教、制度、言語、文化などの転移は未開を文明化するものと考えられ、植民地獲得も正当化されていきます。「暗黒大陸」と言われていたアフリカは、リヴィングストンやスタンリーといった探検家により内陸部が明らかにされていきました。

　欧州によるアフリカ大陸の植民地分割に関しては、2つの視点を持つとよいでしょう。

　最初の視点は、植民地化の先陣となったイギリスやフランス、オランダといった欧州の先進国の動きです。北アフリカを統治していたオスマン・トルコの衰退もそれに拍車をかけていきます。

　アジアへの最短ルートを考えるイギリスにとって、エジプト支配は要で

した。しかし、シリア・パレスティナを狙うフランスにとっても要地であったため両者は対立を深めていきます。フランスのナポレオンがエジプト遠征をしたのもその布石でした。フランス人レセップスはエジプトと協力してスエズ運河の開削を果たしますが、エジプトの財政悪化によりスエズ運河の株式がイギリスに渡り（1875年）、イギリスはエジプト自体の支配権を強めていくことになります。エジプトを保護国化（1882年）したイギリスは、その南のスーダンへと侵攻しました。またこれとは別に、ウィーン議定書（1815年）ではオランダからケープ植民地を手に入れており、南北からアフリカの植民地を拡大する縦断政策を展開していきました。のちにナイジェリアやケニア、ウガンダを獲得するとともに、オランダとのボーア戦争（1899～1902年）で勝利してトランスヴァール共和国・オレンジ自由国を併合し、南アフリカを獲得していきます。

　これに対し、エジプトの支配権を失ったフランスはモロッコに影響力をもち、フランスの対岸のアルジェリアを拠点（1830年～）として東方のチュニジア、南方のサハラに侵攻していきます。フランスは大西洋から紅海・インド洋を目指す横断政策を展開し、東アフリカのジブチを植民地とします（1881年）。この横断政策はイギリスの縦断政策とぶつかり、スーダンのファッショダで一触即発の状態を引き起こしました（ファッショダ事件、1889年）。しかし、ここでフランスが譲歩したことにより、相互の植民地分割での住み分けができ、1904年には英仏協商が成立します。この時点でフランスは、マダガスカル島とともにサハラ砂漠を挟む広大な地域に仏領西アフリカ植民地形成することになります。

　第二の視点は、ベルギーと19世紀後半に国家統一を果たしたドイツとイタリアが、新たに植民地獲得に参入してきたことです。これにより先行していた英仏との間に軋轢が生じてきます。

　ベルギーのレオポルド2世は王家として植民地獲得を目指してコンゴの領有化を図り、その周辺の植民地化を図る英仏との軋轢が生じました。この機にドイツ宰相のビスマルクは、利害調整のためにベルリン会議を催します（1884年）。ここにはアフリカに関心を持つ関係国が一堂に会しました。この結果、ベルギーのコンゴ領有は認められ、諸国間で植民地獲得の

第9章　帝国主義と被植民地 / *143*

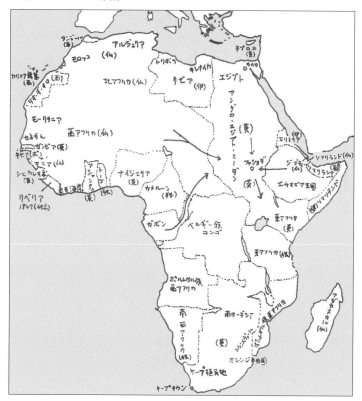
列強のアフリカの分割

原則が合意されました。

　ドイツもこれ以降、ビスマルク時代にイギリスと協調しながら、ドイツ領東アフリカ（タンガニーカ）、西南海岸部や西南アフリカ（現ナミビア）を獲得していきます。しかし、ヴィルヘルム2世の親政になると積極的な政策に乗り出し、モロッコを巡りフランスと対立が生じていきました。

　一方イタリアは、オスマン・トルコの弱体化に付け込みイタリア・トルコ戦争の結果トリポリ・キレナイカを獲得します（1911年）。そして独立国であったエチオピアに侵攻していきました。

　1910年代までにアフリカは、アメリカの解放奴隷が作ったリベリアとイタリアの侵攻を受けるエチオピア以外は、すべて列強により分割され植民地とされていきました。

第10章 第一次世界大戦

1 欧州列強の国際関係

　19世紀後半からは、統一ドイツの動きがこの時期のポイントとなります。ドイツを中心に国際関係を捉えましょう。

　19世紀後半のビスマルク外交（図①）では、復讐を狙うフランスを孤立させ、その間にドイツの安定と国際的な伸張に主眼が置かれていました。この時、帝政の崩壊したフランスは、第三共和政に移行し、小党分立の政情不安定な状態が続いていました。ビスマルクはロシアを封じ込めるためにベルリン会議を開催し、列国の利害を調整する手腕を発揮しています。このためロシアは機嫌を損ねますが、敵対関係にはなりません。ビスマルクは独露再保障条約で関係修復しています。そして、対岸のチュニジアをフランスに取られ立腹しているイタリアをなだめ、自陣営に組み入れます。この時期のドイツの植民地政策はアフリカ、太平洋に向いているので、対外関係はうまくいっていました。

　しかし、1890年代になりヴィルヘルム2世の親政となると政策が一転します（図②）。国内生産も飛躍的に伸び、イギリスを追い越す勢いになります。そして「世界政策」という過激な帝国主義を突き進むことになり、他の国と摩擦を生じさせていきます。そこで目を向けたのが中東です。バルカン半島を通り抜け、中東・バグダッドへの「3B政策」をオーストリアとタッグを組み強行します。3Bとは、ベルリン・ビザンチウム（イスタンブールの古名）・バグダッドの頭文字に由来します。

「ヨーロッパの火薬庫」バルカン半島

　バルカン半島ではロシアが、中東ではイギリスとフランスがすでに手を

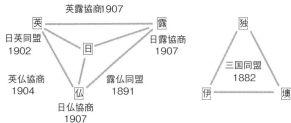
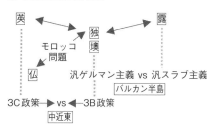

付け、オスマン帝国の疲弊を待っている状態でした。そこに現れたドイツ・オーストリアは、先行者にとって共通の敵となっていきます。ドイツの両隣のフランスとロシアは自国への侵略に備え露仏同盟を結び、アフリカのスーダンでファッショダ事件を起こし一時は険悪な空気となった英仏は、フランスの譲歩で関係が一気に接近します。イランで悪化していた英露関係も、バルカン半島に危機感を募らせるロシアが譲歩し改善へ向いました（図③）。そして、独墺と英仏露の両陣営の関係が悪化し、第一次世界大戦（WWⅠ）へ突入します。

　オーストリアのハプスブルク家は、神聖ローマ帝国時代から南スラブ人のスロベニアやクロアチアを領有し、ハンガリーでもスラブ人を支配下に置いていました。そのオーストリアがオスマン帝国の衰退にともなって東

に拡大し、ボスニア・ヘルツェゴヴィナに勢力を伸ばし、ベルリン会議では統治権を獲得、やがてオスマン・トルコが青年トルコ革命で混乱している時（1908年）にここを併合します。

ロシアは露土（ロシア・トルコ）戦争を仕掛け南下政策をもくろみますが、ベルリン会議で英仏独に阻止されます。この会議では南スラブ人のセルビア、モンテネグロ

WWⅠ前のバルカン半島

なども独立します。ブルガリア（非スラブ）も1908年の混乱時に独立を宣言しました。このようにバルカン半島には新独立国が成立していきます。地中海への南下政策を成就させたいロシアはスラブ人の長を自負し、背後で影響力を行使していたことを忘れないでおきましょう。

その後、2回にわたるバルカン戦争（1912～13年）の結果、両戦争で勝者となったセルビアの力が増大し、バルカン・スラブの覇者として自信を持つことになります。そして、これが墺独のバルカン侵出との決定的な衝突につながります。いわゆる、パン・スラブ主義とパン・ゲルマン主義の衝突です。パンは汎とも書き、「全／総」の意味です。

「ヨーロッパの火薬庫」は、ボスニア・ヘルツェゴヴィナの都サライェヴォで1914年に爆発しました。ここから第一次世界大戦が始まります。

2　ロシア革命

ロシアは欧州では最も近代化が遅れた国で、ツァーリズムというロシア

専制政治のもと1861年まで農奴制が残っていました。19世紀末フランス
の援助で産業革命が進展しましたが、上からの近代化のため、市民層の成
熟がないまま社会が拡大し、とくに圧倒的な農村部が取り残された形と
なっていました。経済は外国資本の割合が多く、労働者の待遇は極めて劣
悪で、圧倒的多数を占める農民や都市労働者の社会的立場は弱く、生活水
準も低いままにされていました。社会主義運動が発展するのはこのような
背景がありました。

　失敗続きの南下政策で経済状況は悪く、とくに極東での日本との日露戦
争は出費がかさみました。シベリア鉄道は単線なので貨車は行く一方。北
方バルト海の艦隊は、日本と同盟を組むイギリスがスエズ運河の通行を認
めないため使えず、南アフリカ南端の喜望峰経由で行かざるを得ませんで
した。あげくのはてにこれが日本海海戦で全滅してしまいます。

　このような状況のもと、血の日曜日事件をきっかけに第一革命が起こり
ます。革命運動の広がりに対し、皇帝ニコライ2世は国会開設の自由主義
改革やミール（農村共同体）の解体による土地改革を行おうとはしました
が不徹底に終わり、国民の負担、不満は増すばかりとなっていました。そ
のような状況下で第一次世界大戦へと突入しますが、戦争が続行できるよ
うな経済状態になく、国民生活はどん底になります。各地でスト・デモが
起き瞬く間に全国に拡大、王朝が崩壊します。その時、資本家層を中心と
する臨時政府が成立します。これが第二革命（三月革命）の始まりです。

　革命の主体は労働者や兵士が組織するソヴィエト（評議会）でした。彼
らの中には臨時政府支持に回るものも出てきますが、レーニンが亡命先か
ら帰国すると情勢が一変します。「四月テーゼ」で社会民主労働党の多数
派ボルシェヴィキ（のちの共産党）が急速に力を持ち、全国規模で闘争を
展開していきます。やがて首都ペトログラードで武装蜂起し、臨時政府を
打倒してソヴィエト政権を樹立します（十一月革命）。

　その後、レーニンは政権内の抗争に武力で決着をつけ、ドイツと単独講
和（ブレスト・リトフスク条約）を結んで戦線を離脱し、首都をモスクワ
に移し、憲法を制定しました。しかし国内には反政府、反革命勢力が多数
存在し、諸外国も対ソ干渉戦争を起こします。日本ではこれをシベリア出

兵といっていました。数年に渡りこのような状況が続きますが、社会主義改革と戦時共産主義（安定後は新経済政策へ）でこれを乗り切り、ウクライナ、ベラルーシ、ザカフカス（現ジョージア、旧グルジア）とともにソヴィエト社会主義共和国連邦を形成します。そして、「世界革命」をめざしコミュンテルンを創設し、共産主義拡大を図りました。

レーニン死後は、一国社会主義をめざすスターリンが実権を握って第一次五カ年計画（1928〜1932年）を実施し、ソ連の安定を試みていきました。しかし、その後の独裁と個人崇拝、共産党一党支配がもたらした弊害は計り知れません。

世界史の疑問あれこれ

①血の日曜日事件の発砲はなぜ起こったのですか？

なぜ発砲事件となったのか、真相は不明です。というのは、民衆のデモ隊と当局側とは事前に打ち合わせがなされていたからです。鍵となるのは、デモを組織した神父ガポンの存在です。農家に生まれた彼は、ペテルブルグ大学の神学部を卒業し聖職者となりました。当時のロシアは列強とはいえ旧態依然とした封建的な社会が残り、近代的な市民層の発達が遅れていました。都市ではその矛盾が大きく、社会主義運動も盛んでテロリズムやアナーキズム（無政府主義）も跋扈していました。ガポンはペテルブルク工場労働者組合を組織しましたが、秘密警察との関係があり、革命団体へ潜入するためこれを組織したと考えられています。とはいえ、彼の手によるツァーリ（皇帝）へ窮乏を訴える請願書や血の日曜日事件に至る請願デモは、彼の働きかけがあり、労働組合などで多くの賛同者を得ていました。

実際にデモに参加した人数はわかりませんが、数千から数万といわれます。社会的に不安定な中、冬宮殿前にそれだけの群集が集まるということは、女性・子どもが含まれていたとはいえ、事前に承知している警護軍であっても緊張感は高まるものです。ちょっとしたことがきっかけとなり発砲が起こったのかもしれませんが、その真相はわからないままです。

ガポンは事件後いったんロンドンに亡命し、帰国後労組再編を試みますが、秘密警察のスパイであることが知られ、社会革命党員によって暗殺されました。

3 第一次世界大戦

パン・ゲルマン主義とパン・スラブ主義の衝突で始まった第一次世界大戦は、人類史上かつてない戦争へと発展しました。この戦争は起きた場所がバルカン半島という民族対立の激しいところのため、民族主義的な点に目が向けられていますが、根本的には先行と後発の帝国主義諸国による植民地再分割抗争であることを忘れてはなりません。第一次世界大戦の最大の特徴は、戦車や爆撃飛行機他の新兵器が続々開発されたということよりも、植民地を含む世界各地域で両陣営の戦闘が繰り広げられ、欧州での戦況膠着により戦争が長期化し、物量戦に（人的にも）もつれ込んでいったことです。戦争が戦場だけのことではなく、国民生活全般に影響を及ぼす「総力戦体制」で行われていたことが、それまでの戦争とは大きく異なる点でした。

戦争の結果、後発国であった三国同盟側（ドイツ・オーストリア・イタリア）は押さえ込まれてしまい、戦争の根本的な原因は解決しないまま、さらに悪化します。とくにドイツです。イタリアは戦争途中で三国同盟側を離れ連合国側に付いたので、敗戦は免れました。

戦後処理をめぐって民族主義的な潮流がどのように反映されたか。また、賠償問題はドイツにどのような影響をもたらしたのか。世界的平和についてどのような考え方を生み出したか。このあたりが最重要ポイントです。

付け加えておくと、欧州での対戦でしたが、日本は日英同盟を口実に中国山東半島のドイツ領を攻撃し攻略しています。その結果、山東半島の独権益を獲得し、太平洋赤道以北のドイツ植民地であった島々を国連委任統治ということで勢力下に置きます。ここで重要なのは、大戦中から日本が中国に対して行っていた「対華21カ条」の要求や中国国内で起こった「五・四運動」などの状況変化を押さえることです。

150

さて、当初賠償問題は独仏の間でルール出兵のような緊迫した事態も起こしましたが、アメリカの仲裁で軌道に乗り、戦後の状況は年を経るごとに混乱から安定へと向かうかのように見えました。しかし事態は 1929 年10 月に急変します。この時ニューヨークのウォール街から起きた世界大恐慌によって世界の金融システムが崩壊し、情勢は一転します。これが第二次世界大戦の序曲の始まりです。

4　ヴェルサイユ体制

　第一次世界大戦の戦後処理のためまず開かれたのが、パリ講和会議（1919 年 1 月）です。この時ベースになった指針が、米大統領ウィルソンの 14 カ条です。戦争の被害を全く受けず、経済が安定している債権国のアメリカだから言えた理想追求の内容です。戦争の当事者はそれどころではなく、英仏は自己利益の確保と維持、独への復讐しかありませんでした。したがって、ドイツと結ばれることになるヴェルサイユ講和条約は、これでもかと言えるほど賠償金、領土割譲、植民地放棄、非武装と厳しいものとなりました。のちにヒトラーのナチスがヴェルサイユ体制打破を目標にしていたことと結びつけましょう。他の同盟国と連合国との講和条約は、すべて違う場所で結ばれたので名称が異なります。

【ヴェルサイユ条約の内容】

ヴェルサイユ条約（対ドイツ講和条約）

(1)国際連盟規約

(2)領土の処分

a 領土の割譲

- ・アルザス・ロレーヌをフランスに返還。
- ・ポーランドにバルト海に通じる地域（ポーランド回廊）を割譲。
　他にベルギー、デンマークにそれぞれ隣接地域を割譲。

b 領土の国際管理など

- ・ザール地方は国際連盟の管理下におき 15 年後に住民投票で帰属を

第 10 章　第一次世界大戦　*151*

決定する。炭鉱所有権を仏に譲渡。

- ・ダンツィヒは自由都市とし国際連盟の管理下におく。ポーランドに港湾管理権。
- ・上シュレジエンは 21 年の住民投票によって帰属を決定。

c ドイツはすべての海外植民地と権益を放棄

- ・膠州湾租借地など山東半島のドイツ権益は日本に与える。

(3)軍備の制限

- ・徴兵制は廃止。陸軍、海軍の兵員、艦船数が制限され、航空機・潜水艦の所有は禁止。
- ・ラインラントは非武装化（ライン川西岸は連合国軍により 15 年間占領、右岸の 50km は非武装）。

(4)戦争責任はドイツにあるとされ、賠償金の支払い義務を課せられる（1921 年に 1320 億マルクに決定）。

【その他の講和条約】

サン＝ジェルマン条約（対オーストリア講和条約）

(1)領域内地域の独立承認

　ハンガリー、チェコスロヴァキア、ポーランド、セルブ＝クロアート＝スロヴェーン（後のユーゴスラヴィア）の独立の承認。

(2)領土割譲

　トリエステ、南チロル（トレンティノ）などをイタリアに割譲。

(3)ドイツとの合邦の禁止。

(4)その他、軍隊の制限、賠償金などを規定。

ヌイイ条約（対ブルガリア講和条約）

(1)領土割譲

　トラキアをギリシアに割譲、セルブ＝クロアート＝スロヴェーン（後のユーゴスラヴィア）に領土の一部を割譲、ドブルジャはルーマニアに返還。

(2)他に賠償金も規定。

トリアノン条約（対ハンガリー講和条約）

(1)オーストリアからの独立承認

(2)領土割譲

　・スロヴァキア→チェコスロヴァキア共和国へ

　・クロアティア・スロヴェニア・ボスニア→セルブ＝クロアート＝
　　スロヴェーン王国（1929 年からユーゴスラヴィアに改称）

　・トランシルヴァニア→ルーマニア王国へ編入

セーヴル条約（対トルコ講和条約）→のちローザンヌ条約

一旦は受け入れたが、事実上はオスマン帝国の解体、主権の喪失を含む内容のため国内の反発が強く、ムスタファ＝ケマルの指導のもと破棄、侵攻したギリシア軍を撃破し、改めてローザンヌ条約を締結（1923）

(1)イズミル（スミルナ）、イスタンブル、東トラキアなどの領土を回復。

(2)ダーダネルス＝ボスフォラス海峡は非武装化し国際海峡委員会のもとに開放、沿岸部はトルコ主権。

(3)治外法権とカピチュレーションを全廃。

(4)ドデカネーゼ諸島のイタリア割譲、キプロス島のイギリス領有承認。

(5)ギリシアとの間には、それぞれの領内の自国民を交換する、住民交換協定が成立。

民族自決

　ウィルソンの 14 カ条のポイントでもある民族自決権が成就された例を見てみましょう。WW Ⅰ の前後の欧州地図を比較すれば、独立した国々がわかります。

旧ロシア帝国領からの独立国→フィンランド、エストニア・ラトビア・リトアニア（バルト三国）、ポーランド

オーストリア・ハンガリー帝国からの独立国→チェコスロヴァキア、ハンガリー王国、セルヴ＝クロアート＝スロヴェン王国（後にユーゴスラヴィア王国と改称）

　ソヴィエト＝ロシアは、戦中に独と単独講和のブレスト・リトフスク条約（1918 年 3 月）を締結しました。この時ロシア西部やウクライナ、カフカス地域の領土権を放棄したので、上記の国が旧ロシア領域から独立で

ヴェルサイユ体制下の欧州（新独立国）

きました。

　バルカン戦争でイスタンブール周辺以外のバルカン半島領土を失ったオスマン・トルコは、起死回生を狙って反スラブ陣営の同盟国側で参戦し敗れ、小アジア領域をも侵食されるセーヴル条約を強制されました。これに対しムスタフ＝ケマル（＝パシャ）はこの国内批准を拒否し、解放戦争を開始しました。ギリシアからイズミルなどアナトリア西部の地中海沿岸地域を奪回し、国内ではスルタン制度を廃止して共和政を整え、旧連合国とローザンヌ条約を結びなおさせました（1923年7月）。

　この一連の情勢によりオスマン帝国は消滅し、トルコ共和国が成立しました（1923年1月）。大統領となったケマルは改革を実施、カリフ制を廃止し、近代化政策を進めていきました。彼はケマル＝アタ＝チュルクと呼ばれました。トルコの父＝ケマルという意味です。

　このように民族自決権を行使できたのは、カジャール朝を倒したパフレ

ヴィー朝イラン、アフガニスタン、後のサウジアラビアになるイブン＝サウドのヒジャーズ＝ネジド王国などです。エジプトは英の特権を完全には振りほどけませんでしたが、一応独立を達成します。しかし、その他の地域では民族自決権など絵に描いた餅でした。

イギリスは大戦中、インドに対し戦後の自治を約束し、その見返りに兵員・物資の協力を受けました。しかし、戦後それを求めたインドに対してローラット（緊急刑事特別）法を施行し、礼状なし逮捕、裁判抜き投獄を断行、民族運動に弾圧を加えました。これに異を唱えたのが、マハトマ・ガンディーの非暴力・不服従運動でした。ヒンドゥーもムスリムも協力し、イギリスの策謀で一時は停滞しましたが、ネルーのプルナ・スワラジ（完全独立）を求める宣言により再び運動が盛り上がりました。

中東の分割

イギリスはパレスティナでも大戦中に暗躍しています。アラブ人の参戦協力をとりつけるためにフセイン＝マクマフォン協定（1915年）でアラブ人に戦後、トルコからの独立を約束しました。

一方では、ユダヤ人に経済的な援助を求め、シオニズム（パレスティナに祖国を再建しようとする）運動へ援助するバルフォア宣言（1917年）を行っていました。しかし、実際はサイクス＝ピコ協定（1916年）により英仏露間での勢力分割が約束されていました。結果、国連委任統治という形をとり、英と仏でサイクス＝ピコ協定に準じた線引きがなされました（ロシアは革命でソ連となり戦線離脱したので無関係。この密約を暴露したのはソ連でした）。裏切られたアラブ人は怒り心頭となり、そのはけ口が移民してくるユダヤ人に向けられていきます。これがパレスティナ問題の始まりです。

このように両方ともイギリスの背信行為によって引き起こされたのですが、これは典型的な例です。付け加えると、パリ講和会議に中国が提訴した、日本が中国に対し行った「21カ条の要求」の不当性（東北部・内蒙古支配や内政干渉権）が簡単に却下されてしまったことなども、この時代を如実に物語る出来事です。いくら民族自決が唱えられても、まだ列強の

WWⅠ後の西アジア

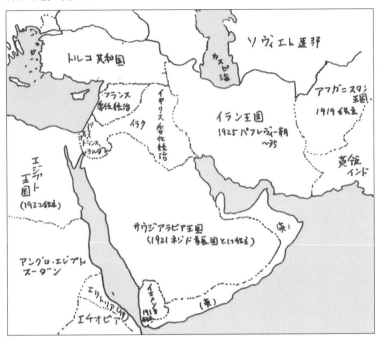

【イギリスの三枚舌外交】

	年	秘密外交	外交内容	相手
イギリス	1915	フセイン・マクマフォン協定	反トルコで英に協力を条件に戦後のアラブ人の独立支持を約束	アラブ人
	1916	サイクス・ピコ密約	英露仏によるトルコ領分割と国際機関による委任統治(植民地化)	列強同士
	1917	バルフォア宣言	対トルコ戦への協力要請と戦後パレスティナにユダヤ人国家建設を約束	ユダヤ人

(対立)

結果：パレスチナなど中近東は、英仏による国連委任統治(露はソ連となり外れ、密約を暴露)。パレスチナに関するアラブ人・ユダヤ人への二枚舌外交で両者が反目、パレスチナ問題に発展、泥沼化。

利害が最優先されていて、列強のバランスの上でことが決められていました。

5 国際協調

米大統領ウィルソンの14カ条の提案にあった国際的な平和維持機関として設立されたのが、国際連盟です。加盟国間での紛争に際しては理事会が審査をし、武力行使をともなった場合は全加盟国による制裁措置が加えられることになっていました。しかし、この制裁は経済制裁のみで武力行使がともないませんでした。また、提案者のアメリカは条約の国内批准がなされず、未加盟となります。敗戦国ドイツと社会主義ソ連の加盟が当初認められず、理想と現実に乖離がありました。ちなみに、ソ連はヴェルサイユ講和会議にも参加できませんでした。

賠償金があまりにも巨額だったため、ドイツは支払いを履行できませんでした。これに対しフランスとベルギーの軍が、ドイツの重工業地帯のルールを占領する事件（ルール出兵）が起きました。この賠償問題の行きづまりに、米がドーズ案という賠償支払い計画案（賠償支払金額未定）と、外資によるきっかけ融資を提示しました（1924年）。これにより賠償問題が一応の軌道に乗り、協調路線への途が開かれていきました。

ロカルノ条約により、ドイツ西部国境の現状維持とラインラントの非武装化、ドイツの国連加盟が認められました（1925年）。賠償問題はのちヤング案で金額が明示され、具体的返済が1930年から実施に移されることとなりました。しかし、これは世界恐慌で延期されます。

このような協調外交の空気は広がり、米国務長官ケロッグと仏外相ブリアンにより「（パリ）不戦条約」が提案され、世界65ヶ国が調印しました。拘束力のない紳士協定ではありましたが、列強を中心に国際紛争の解決法として戦争に訴えないことを約束しあった意味は大きいといえます。

ワシントン体制

軍縮問題でもワシントン体制と呼ばれる大きな流れを生み出しました。

第10章　第一次世界大戦　*157*

ワシントンで行われた会議（1921～22年）で、主に日本を対象としていました。ワシントン体制は、3つの条約からなります。
（1）ワシントン（軍縮）条約→英・米・日・仏・伊の主力艦保有率（5：5：3：1.67：1.67）が規定。後にロンドン軍縮会議で制限が拡大される。
（2）四カ国条約→米・英・日・仏の太平洋における領土権を規定。日本は独の赤道以北の太平洋地域の領土＝ミクロネシアなどを国連委任統治という形で領有。この条約により日英同盟は効力を失い、破棄される。
（3）（中国に対する）九カ国条約→中国の主権尊重・領土保全・機会均等・門戸開放を決めたもの。これにより、ヴェルサイユ条約でいったん認められた日本のドイツの山東半島に対する旧権益移譲が却下される（九カ国：日・英・米・仏・伊・蘭・ベルギー・ポルトガル・中華民国）。

このようにワシントン体制は、米英が日本の行動に制限を加えることを目的としていたため、やがて日本はワシントン体制打破を名目に第二次世界大戦へ突き進むことになります。

世界史の疑問あれこれ

②三国同盟のひとつイタリアが途中から協商側で参戦したのはなぜですか？

そもそもイタリアが三国同盟に入ったのは、植民地化を画策していたチュニジアをフランスに先取りされてしまったところに、ドイツが反仏包囲網を作ろうと声をかけたからでした。イタリアはもうひとつの同盟国オーストリアとの間に「未回収のイタリア（南チロルとトリエステ）」問題があり、関係は良くありませんでした。そのためドイツとオーストリアが戦争を始めても自国の利益にならないので中立を保っていました。英仏露の協商側はそのようなイタリアに領土回復をちらつかせ、協商側で参戦すれば、回収を黙認しアドリア海沿岸までの領有を約束する密約を交わしたのでした。しかし「未回収のイタリア」は回収できましたが、新領土（植民地）は得られず裏切られました（その後、トリエステに隣接する自

由都市フィウメをユーゴスラビアから奪います）。この恨みがその後もく
すぶり、第二次世界大戦に連なっていきます。

③提案したアメリカが国際連盟に加盟しなかったのはなぜ？
　国際平和機関の設立は、戦後処理提案「ウィルソンの十四か条」のひと
つになっていました。大統領はもちろん指導的役割を果たすつもりでした
が、ヴェルサイユ講和条約は欧州の利害のもとに作られ、十四か条の理念
が（国際連盟設立以外）まったく受け入れられなかったのです。こうした
経緯があり、アメリカ上院ではヴェルサイユ講和条約の批准を否決しまし
た。したがって、講和条約の一部、国際連盟加盟条項も自動的に否決され、
加盟には至りませんでした。

④パリ不戦条約（ケロッグ・ブリアン条約）とはいったい何だったのか。
　WWⅠ後に仏外相ブリアンが米国務長官ケロッグによびかけ、両国間
で不戦条約締結を提案したものです。反響は大きく、一般条約として英・
独・伊・日など15か国に拡大し、後にソ連他63か国が加盟しました。
内容は2つ、①国際紛争解決のため、また国策遂行手段として戦争を放棄
する。②いかなる種類の紛争解決も平和的手段によることにする。しかし、
自衛のための戦争は認めており、条約違反に対する制裁がなかったので実
質的な効果はありませんでした。ただ、平和希求の意志による集団安全保
障のひとつであったことは確かでした。

⑤ソヴィエト（評議会）がソ連（ソヴィエト連邦）になったの？
　WWⅠの戦況を優位にしたいドイツは、ロシアの国内混乱を謀るため
スイスに亡命していた社会主義者レーニンを封印列車でロシアに送り返し
ました。レーニンは十一月革命を成功させ、兵士・労働者・農民によるソ
ヴィエト（評議会）政権を樹立しました。これがソヴィエトロシア（ロシ
ア社会主義連邦ソヴィエト共和国）です。これにならい旧ロシア帝国各地
でソヴィエト政権がウクライナ、白ロシア、アゼルバイジャン、アルメニ
ア、グルジアなどにでき、互いが連合し、ソヴィエト・社会主義共和国・

第10章　第一次世界大戦／**159**

連邦が成立しました。語を分割すると意味がわかります。のちに加盟共和
国が増えます。

⑥ ワシントン会議の四カ国条約締結で日英同盟が破棄されたのはなぜ？

　日英同盟は1911年に第二次改定が行われ、有効期限が10年で1921年
までになっていました。つまり更新されず終わったということですが、こ
れは表向きの理由です。そもそも日英同盟は、英国のアジア利権を日本に
守らせようという性格がありましたが、日本が急速膨張し、忠実な番犬と
いうより小賢しい狐に変わろうとしていました。WWⅠ時に日英同盟を
理由に山東半島に対独出兵したように、もう餌を与えて飼うには危ない番
犬になっていたわけです。

　更新しなくても四カ国間の条約を結ぶことで日本を拘束でき、相対的に
弱い日本には不利に働くので、牽制するには十分だったわけです。中国に
ついては九カ国条約があるので、そちらでも牽制できました。

⑦ ヴェルサイユ体制とワシントン体制はどう違うの？

　WWⅠ後の世界秩序を包括的にいうと、ヴェルサイユ体制という言葉
で表せます。ヴェルサイユ条約とそれに付随する同盟側諸国との講和条約
にもとづく、新たな世界秩序のことを指します。狭い意味でいうと欧州に
おけるドイツへの制裁的封じ込めをともなった集団安全保障体制といえる
でしょう。

　これに対しワシントン体制とは、ワシントン条約により生み出される国
際秩序です。その条約は対象が日本に向けられています。つまり第一次大
戦中に急速に膨張した日本を懸念して、それを牽制する役割を持たせたわ
けです。世界恐慌後の1930年代、独自の経済圏が小さいドイツや日本は、
経済ブロックを作れなかったため経済の悪化に対処することができず、そ
れを打開するために軍拡路線を敷き、植民地の再獲得に乗り出そうとしま
した。しかしそこにはヴェルサイユ条約とワシントン条約という足かせが
あったわけです。ここで両国はそれぞれヴェルサイユ体制打破、ワシント
ン体制打破を掲げ、WWⅠ後の英米仏的世界秩序に異議を唱えました。

第11章 | 全体主義と植民地の民族運動

1 世界大恐慌とその影響

　アメリカは戦争中も欧州へ物資を供給して経済の発展を見せ、戦後は大規模な設備投資がおこなわれ工業の生産力が飛躍的に発展しました。しかし、経済的繁栄とは裏腹に、多数を占める低所得の労働者層はその恩恵にあずかれない状況にありました。また、農業の慢性的な不況状況が農民層の購買力も低下させていました。このように飛躍的な生産力の向上に対し、労働者や農民の消費力は著しく低いというアンバランスが経済の根幹にありました。それにもかかわらず、投機的な株取引（マネーゲーム）が盛んに行われ、いわゆるバブル経済が起きていたのです。

　その結果、突然世界金融の中心、ニューヨークのウォール街の証券取引所で株価の大暴落が起きました。そして世界経済は破局を迎えることになります。とくに欧州の経済安定はアメリカからの借入金に頼っていたので、資本の引き上げが起きると金融は麻痺してしまいました。ドイツの賠償返済は、フーバー・モラトリアム（支払猶予）が提案されても、全く効果はありませんでした。しかしこの時、ソ連だけは独自の計画経済を実施していたため、この影響をほとんど受けることはありませんでした。

　こうした経済情勢を克服するため、自国の経済の安定を図る道がとられました。広大な植民地を持つイギリス、フランスや中南米を従えるアメリカは保護主義に走り、排他的なブロック経済圏を作り難局を乗り切ろうとしました。しかし、植民地をあまりもたない日本とイタリア、植民地を失ったドイツはブロックを作ることができず苦境に立たされました。残された道は、国家をあげて他国を侵略し勢力圏を拡大していくしかなく、全体主義（ファシズム）へと突き進むこととなったのです。

第11章　全体主義と植民地の民族運動／*161*

2 欧州の全体主義国

　ドイツにおいてはナチス（国家社会をめざすドイツ労働者の党）を率いるヒトラーが、ヴェルサイユ体制打破・賠償拒否とワイマール共和政反対を唱え、現状を否定することで国民の支持を得ました。支持層は、労働者が共産党を支持したのに対し、経済的に打撃を受け、既成政党に不満を抱く都市の中産階級や中小農民が中心で、後に共産党の躍進を恐れる資本家や軍部も支持にまわりました。

　驚くべきことは、その手法はともかく、ヒトラーが既存の最も民主的と言われたワイマール共和国の政治制度のもとで勢力拡大をはかったことです。ヒトラーの"第三帝国"が膨張していくとき、周辺諸国がどのようにかかわっていったか、しっかり見ておきましょう。欧州各国は自国のことで手いっぱいで、ナチスドイツの行為に対し傍観したり、手をこまねいている間に事態が進んでしまったのでした。

　イタリアに目を転ずると、ここは大戦の戦勝国側ではありましたが、約束された領土が得られず不満が募っていました。ムッソリーニ率いるファシスト党は社会混乱のなか軍事的示威行動である「ローマ進軍」（1922年）を行い政権を奪取し、独裁を確立しました。その後、経済的打開を目指し数少ないアフリカ大陸の独立国エチオピアへの侵略を行いました。国際社会はこれを非難しましたが、イタリアは国連を脱退し、ドイツとの関係を強めていきました。

　ドイツ、イタリアはスペインの内乱に際しベルリン＝ローマ枢軸を結成し、フランコ将軍の反乱軍側について公然と軍事的介入を行いました。スペインでは国民の支持を失ったスペイン王政が人民戦線により倒され（1931年）、人民戦線内閣がおかれていました。これに対し、旧王党派や地主層の保守派がフランコを中心に巻き返しの反乱をはかったのです。イギリス・フランス両政府はこれを静観していましたが、ソ連や社会主義者、知識人は義勇軍を組織して人民政府軍を支援、内乱はファシズム vs. 人民戦線、全体主義 vs. 民主主義の対立という構図になっていきました。ピカ

ゲルニカ（パブロ・ピカソ作）

ソの「ゲルニカ」という作品は、このときドイツにより空襲を受けたゲルニカの街の悲劇を表現したものです。

　内乱はフランコ軍の勝利に終わり、ファランへ党による独裁体制が樹立しました（1939年）。このように欧州では全体主義（ファシズム）の力が着実に拡大していったのです。

第二次世界大戦の始まり

　ヒトラーは国政選挙で第一党になると首相に任命されました。この新政府は国会議事堂放火事件を策謀し、共産党をその首謀者として弾圧、国会の全権を握り、ナチス以外の政党を解散させ一党独裁体制を敷きました。ヒトラーはヒンデンブルク大統領が亡くなるとその権力も掌握して総統と称し、社会統制を強めるとともに、ゲシュタポ（秘密警察）、親衛隊、突撃隊などを整備し、ユダヤ人などの被差別民族を強制収容所に収監したり、反対者の徹底的弾圧を繰り広げました。その結果、社会主義者や民主主義者、ユダヤ人は国外に逃れざるをえませんでした。

　国際的には、ドイツ人の居住する地域はドイツとするとの考えのもと、周辺へ領土を拡げていこうとしました。オーストリアとの合併、ザール地方の併合やラインラントの武装化、そしてチェコのズデーテン地方の割譲を謀りました。

　英仏伊などの諸国は、発展する社会主義国のソ連を牽制するためにドイ

ファシズムの台頭（1900年代前半）

ドイツ	イタリア	日本
19 ドイツ労働者党結成 19 ミュンヘン一揆	19 ファッショ戦闘団結成 21 ファシスタ党に改名 22 ローマ進軍／ファシスタ党内閣成立 28 ファシスタ党一党支配 29 ラテラン条約	23 関東大震災 25 治安維持法公布 27 金融恐慌／山東出兵 28 張作霖爆破事件
29　世界恐慌		
32 ナチス第一党 33 ヒトラー内閣成立／全権委任法／国連脱退 34 ヒトラー総統就任 35 ザール併合／ヴェルサイユ条約破棄 36 ロカルノ条約破棄	36 エチオピア併合	31 満州事変 32 満州国建国／五・一五事件 33 国連脱退 34 ワシントン条約破棄 36 二・二六事件
36　スペイン内乱：ベルリン・ローマ枢軸		日独防共協定
		37 日中戦争勃発
37　日独伊三国防共協定		
38 オーストリア併合／ミュンヘン会談 39 チェコスロバキア解体	37 国連脱退 39 アルバニア併合	38 国家総動員法 39 ノモンハン事件
39　独伊軍事同盟		
39　独ソ不可侵条約／ポーランド侵攻→第二次世界大戦勃発		
40　日独伊三国同盟		
第二次世界大戦		41 日ソ中立条約／太平洋戦争

【第二次世界大戦の関係図】

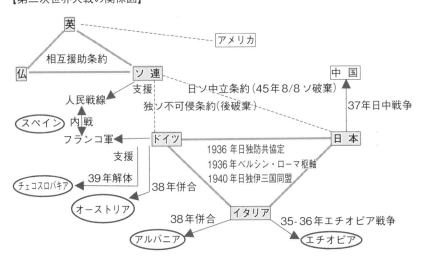

164

ツを利用しようとドイツの意向を認める宥和政策をとりました。しかし、ドイツがヴェルサイユ条約で放棄させられたポーランド回廊の再領土化を要求したことにより、英仏との対立は決定的なものとなっていきました。ポーランドでの緊張はソ連を巻き込んだものとなりますが、ソ連と英仏の関係はうまくいかず、逆にドイツがソ連と相互不可侵条約を結ぶことにより、ポーランドへの侵攻を容易なものとしてしまいました。そして1939年9月にドイツ軍がポーランド西部に侵攻し、第二次世界大戦（WWⅡ）の火蓋が切って落とされたのです。

　ソ連はこのとき国境を接するフィンランド、ルーマニアに侵攻し隣接する領土を割譲させ、また、バルト三国（エストニア、ラトヴィア、リトアニア）を併合しています。

3　中国の民族運動

　第一次世界大戦中の中国では、欧米列強勢力の侵略が弱まり、辛亥革命後の勢いもあって軽工業を中心に民族資本が発展し、労働者階級も成長を始めていました。日本が大戦中に提示した「対華21カ条」の要求がパリ講和会議で黙認されたことに対し、北京の知識人、学生を中心に「五・四運動」が展開されました（1919年5月4日～）。運動は各地に波及し、反帝国主義・打倒軍閥をめざす民衆運動となっていきました。

　革命後成立した中華民国は、各地に軍閥が割拠する状態となっていました。孫文は広東政府を成立させましたが（1917年）、二度にわたり軍事力のある広東軍閥に追われました。孫文は五・四運動に学び、大衆政党となる国民党を結成しました。一方、五・四運動の火付け役でもある陳独秀らは中国共産党を設立しました。孫文は統一国家樹立のため、1922年、共産党員がそのまま国民党の運動に加入できるようにし、その結果、1924年に第一次国共合作が成立しました。「連ソ・容共・扶助工農」（ソ連と連携・共産党容認・工農業を支援）をスローガンに、反帝・反軍閥をめざしていきます。

　孫文は1925年に病死しますが、そのあとを汪兆銘が継ぎ、軍閥を討伐

第11章　全体主義と植民地の民族運動／*165*

【中国革命の進展】

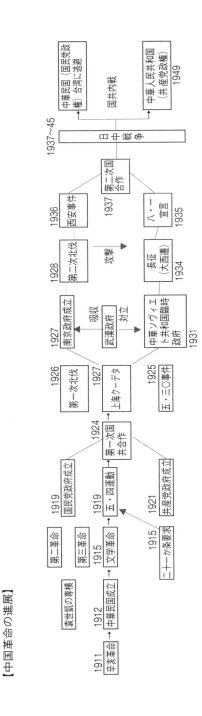

するために北上する北伐が実施されました。この時の国民革命（北伐）軍総司令官が蒋介石でした。北伐は順調に進展していきましたが、共産党を抱える国民党内部では、共産党が支持する国民党左派の汪兆銘と右派の蒋介石の対立が激しくなっていました。蒋は米英日と結び上海でクーデターを起こし、共産党を弾圧し南京に国民政府を樹立、汪の武漢政府に対抗しました。しかし、まもなく武漢政府内も分裂し、汪は南京政府に合流します。北伐は奉天軍閥の張作霖が北京を捨て逃亡したことで完成を見ます。その後、張作霖は日本軍により爆死させられ（奉天事件）、あとを継いだ張学良が国民党に合流したので、中国統一が完成します（1928年）。このとき外蒙古は1924年にソ連支援によりモンゴル人民共和国として独立しています。

　米英はいち早く、蒋の国民党政権を承認しました。しかし、共産党勢力が農村部に伸張しており、新たな国内分裂が進行していました。

　朱徳らが広東省の2県にソヴィエト政権を樹立したり、毛沢東らが湖南・江西省の井崗山を革命軍の根拠地とし、各地に解放区を広げていました。蒋介石は1931年に毛沢東が江西省の瑞金に中華ソヴィエト共和国臨時政府を樹立すると、これに対し一斉攻撃を加え、多大な被害を与えました。共産党は根拠地を陝西省延安に移すため1万2000kmにおよぶ長征（大西征）を行い移動しました。

　この間も日本の侵略は着実に進められ、1931年に関東軍が満州事変を引き起こし、清朝最後の皇帝宣統帝溥儀を担ぎ出し、中国東北部に傀儡国家、満州国を建国します（1932年）。その後も中国本土への侵略は続き、1937年、盧溝橋事件をきっかけに日本と中国は全面戦争（日中戦争）に突入しました。この過程で、先の張学良の仲介で国民党と共産党は内戦を停止し、第二次国共合作を果たし、抗日の戦争を繰り広げて行くことになります。

4　日本の状況

　日本では、関東大震災（1923年）、金融恐慌（1927年）と経済的な混乱の内に世界恐慌（1929年）に巻き込まれることになります。社会主義勢力や共産党などの非合法活動が盛んになる一方、軍部を中心とする右翼勢

力が台頭しました。軍部と右翼勢力は、ワシントン体制打破、既存政党・財閥の腐敗を訴え、共産主義・自由主義を攻撃しました。そして、天皇による統帥権の独立を主張し、経済的窮状を中国侵略により打開しようと満州事変（1931年）を起こします。国民に対して、「満蒙は日本の生命線」と称し、危機感をあおり立てて世論を操作しました。これ以後につづく満州国の建国、国連脱退、蘆溝橋事件を経て日中戦争へ突入していきます。日本は新たな勢力圏を東アジアに作るため「東亜新秩序」を唱えました。

　日本の中国侵略に対し、英仏は独伊の動きに制約され中国問題には抗し得ず、米は国内世論の反対があり、軍事的介入ができませんでした。日米関係の悪化は一途をたどり、アメリカは経済制裁として、1939年に日米通商条約を破棄しました。1940年に欧州でドイツが圧倒的な攻勢でフランスを占領すると、軍部は膠着する戦況を打開するため、仏領インドシナ・蘭領インドネシアへの南進論を主張し始めます。日本は1936年にドイツと防共協定を結び、のちイタリアも加入しています。これが1940年、三国同盟へ発展し、東南アジアへの進駐に正当性を与えました。ここにおよび日本と米英との対立は頂点に達し、米領ハワイ（まだ州ではない）の真珠湾へ奇襲がなされ、つづいて英領シンガポール、マレーに対し攻撃が加えられ、太平洋戦争が勃発しました（1941年12月8日）。このとき軍部は「大東亜共栄圏」を唱え、占領した欧米植民地に親日政権を樹立させました。これらの政府は名目的で、民族自決で作られた政府ではなく日本の傀儡政権であったため、現地の民衆は以前にもまして苦難を強いられ危機に直面することとなりました。

　日米対決は孤立主義をとっていた米国に、太平洋戦のみならず欧州戦へも直接かかわることを余儀なくさせ、戦争は世界規模での第二次世界大戦と拡大していきました。

 世界史の疑問あれこれ

①北伐とはどのような行動ですか？

辛亥革命以来、各地域の有力者は武装し地域の政治や経済を押さえていました。これを軍閥といいます。それが次第に淘汰され、北洋軍閥の張作霖が日本（日帝）の支持を得て華北を支配下に治めていました。当時中国には大別すると、軍閥政権、国民党政権、共産党政権と３つの権力機構があったわけです。軍閥は日本が後ろ盾にいたので傀儡というわけです。北伐とはこれを倒す目的で、南京にあった国民党政権が北京へ北上するという意味です。

　軍閥の拠点都市を徐々に潰していくやり方で北京に迫ったとき、張作霖は満州に逃亡し、その列車が日本の関東軍によって爆破され実質的に北伐が終わりました。北京を開城した張学良は張霖林の息子で、のち西安で蔣介石を幽閉、説得し（西安事件）、抗日のための第二次国共合作を成立させた立役者でした。

② 関東軍はなぜ関東なのですか？

　関東軍は日露戦争後、南満州鉄道に守備兵駐屯の権利を得て置かれました。司令部を遼東半島の旅順に置いたのでこの名が付きました。遼東半島辺りは万里の長城の東側にあたり山海関があったので、その東ということで関東州といいます。司令部はのち奉天、新京に移され、中国侵略の中心となります。

③ 満州国とはどのような国？

　正真正銘の日本の傀儡政権です（傀儡とは操り人形のこと）。中国を植民地にすることは、たとえ一部といえども他の列強との関係からできませんでした。朝鮮半島から中国東北部に植民地を拡大させたい日本は、辛亥革命で滅んだ清朝（満州族）のラストエンペラーである宣統帝溥儀を担ぎ上げ、満州民族の国家再建の名のもとに満州国を建国させました。五族共和（日満蒙朝漢）をスローガンに国造りをするとしましたが、実質的には内政・外交には日本人顧問が就任し、日本の指示によって経営されていました。国際連盟はリットン調査委員会を派遣し実態を調査させましたが、その結果日本の植民地と認定し独立国としては認めませんでした。日本は

これを不服として国連を脱退、中国侵略に邁進していくことになります。

④盧溝橋事件とはどのような事件か？

　北京から 10km ぐらい南西に行ったところに、幅 300m 足らずの川があります。そこにかかる古い石の橋が盧溝橋です。13 世紀マルコ・ポーロが創建当時に訪れ、その美しさを「東方見聞録」で賞賛しています。1937 年当時は農地が広がっていた田園地帯だったでしょう。

　その場所で関東軍が軍事演習をしていました。夜、中国軍が発砲したということで戦闘が起きます。交戦ののち一端は和解しますが、日本兵が一人行方不明になったということで戦闘が再開され、これが全面戦争へと拡大していきます。日本はこれを日華事変と呼びました。典型的な戦争ですが、戦争という語を使うと中立国アメリカからの物資輸送が止まってしまう恐れがあり、曖昧にしたわけです。日本は中国側からの発砲を問題としましたが、なぜ外国の軍が北京近郊で軍事演習などしていたのかと考える方が順当なものの見方です。つまり演習は、中国を挑発するため以外の何物でもなかったわけです。

5　第二次世界大戦末期

　欧州・北アフリカ戦線ではアメリカの参戦とソ連の巻き返しにより、1943 年、連合軍がシチリア島へ上陸したことでムッソリーニが失脚し、代わったバドリオ新政府はイタリアの無条件降伏を申し出ました。ムッソリーニはスイス亡命の途中に逮捕されのち処刑されます。翌 44 年 6 月の連合軍ノルマンディー上陸以降、ドイツ勢力も東西で後退を余儀なくされ、国内の空襲などで疲弊していきました。1945 年 5 月のベルリン陥落、ヒトラーの自殺によりドイツは無条件降伏します。

　連合軍の戦後処理構想はアメリカ参戦時すでに始まっていました。1941年 8 月、F・ルーズベルト（米）、チャーチル（英）は大西洋憲章を発し、領土不拡大、民族自決、軍縮、国際平和機構設立などの 8 項目を発表し、1943 年 1 月にはカサブランカ会談でシチリア上陸作戦を米英で行う合意

170

をとりました。同年11月にはカイロ会談で米英と蔣介石（中）が対日処理方法を討議し、また同月テヘラン会談では米英とスターリン（ソ）との間で第2戦線の結成（ノルマンディー上陸作戦とド・ゴール仏臨時政府の樹立）と、ドイツ降伏後、ソ連の対日参戦の約束を結びました。

　戦争の終末期となる1945年2月、米英ソの3国は、クリミア半島のヤルタ会談での協定でドイツ処理の大綱（敗戦後の4国管理、戦犯裁判、非武装化、ポーランド・ユーゴの新政権樹立）を発表し、秘密協定としてドイツ敗戦後3カ月以内のソ連対日参戦の確約とソ連の南樺太・千島の領有が決定されました（ソ連は45年8月8日23時に宣戦布告し、日が変わるとすぐ参戦しました。これが北方領土占有の根拠となります）。ドイツ降伏後の45年7〜8月にドイツ管理問題の協議と対日降伏条件（ポツダム宣言）と日本管理方針の討議がベルリン近郊のポツダムで行われました。このときの出席者は、トルーマン（米）、チャーチルのちアトリー（英）、スターリン（ソ）です。蔣介石（中）は戦時のため欠席でしたが、ポツダム宣言には署名しました。ソ連は8月8日に参戦してから加わります。

世界史の疑問あれこれ

⑤ユダヤ人迫害はどうして起きたのか。

　根本的にはヒトラーが人種差別主義者だったことです。もう一つは金融などを営む裕福なユダヤ人の財産を無条件で没収するためです。他に、ゲルマン人の結束を強めるためにスケープゴート（生け贄の標的）をつくるためであり、ユダヤ人は古くからキリスト教世界では潜在的に嫌悪される存在だったなどいろいろな理由が上げられます。収容所に送られたのはユダヤ人ばかりではありませんでした。ロマ民族（ジプシー）やスラブ民族（ロシア人、ポーランド人、バルカン出身者）、トルコ人などの民族や、ドイツ人でも共産主義者など反政府的な人々もいました。また、ゲルマン人の優等性を示すため、ドイツ人でも障害者は対象とされていました。

⑥北朝鮮の問題は植民地時代が関係しているのか。

　まず、現在の北朝鮮と、日本が植民地にした朝鮮国（1392 ～ 1897（大韓帝国に改名）、1910 併合）とは違う国だということを確認しておきます。

　現在の朝鮮半島は、一つの民族が北朝鮮と韓国とに分裂している状態です。これは日本がポツダム宣言を受諾し朝鮮植民地を放棄したのち、社会主義のソ連と資本主義のアメリカが、北緯 38 度線を分割占領ラインとしたのが始まりです。その後、両陣営のイデオロギー対立が表面化します。中国で共産党が政権を取ったことで、東アジアの共産化阻止がアメリカの至上命題となり、アメリカは朝鮮半島南部の占領地域に親米の大韓民国を成立させます（1948 年、大統領：李承晩）。それに対抗するかたちで北にソ連・中国が支援する朝鮮民主主義人民共和国が独立します（主席：金日成）。両者の対立は 1950 年、朝鮮戦争という形で激化します。この米ソ代理戦争の結果、南北分断は固定化されました。戦争は膠着状態後、板門店での和平協議が進まないので、実は現在でも "休戦状態" のままです。

　かつて社会・共産主義政権の内情はベールに覆われていました。北朝鮮は金日成～金正日～金正恩と世代交代がありましたが、いまだに内情が明らかにならない国です。日本とは正式な国交がまだないので、戦争賠償問題もその他政治問題も手付かずのままにあります。拉致問題が進展しないのは北朝鮮の政治的な特異性もありますが、国交正常化をしていないのもネックになっています。

6　20 世紀末の日本歴史から見る近年の動向

　近年、自由主義史観という歴史修正主義が、この戦争の時代の歴史を「自虐史」と呼んでいます。現在学校教育などで教えられている現代史は実証的に検証してきたもので、戦前の反省の上で築かれてきた歴史観です。これを「自虐史」と呼び、歴史の見直しを求める人々は、漫画でエキセントリックに煽ったり、歴史随筆で情緒を醸し出しながら語ることで歴史の真実を隠し、稚拙ともいえるレトリックを用いてこの戦争を賛美しているかのようです。日本は自衛のために戦争をした。侵略はしていない。欧米

の植民地を解放した。南京虐殺はなかった。従軍慰安婦はいなかったなど
と、自説に都合のいい歴史の解釈で事象だけをつまみ出し、実証的な根拠
もなく一方的に言い放つのが典型的なパターンです。世界的にネオ・ファ
シズムが起きつつある現状と重ね合わせると、悪夢の歴史の再来を予見さ
せるものなのかもしれません。

　これまで国家が作られ、流転してきた歴史を見てきました。人が幸せに
生きていくためにどうすればいいのか。国家もその目的を担う重要な要素
であるはずですが、それが引き起こす戦争は、理由がいかなるものである
にせよ、人々を決して幸せにはしません。あらゆる人々を恐怖と欠乏、混
乱と狂気の穴に突き落とす絶対悪でしかあり得ないのです。

　戦没者の弔いは未来への平和の誓いでなければなりませんが、戦争責任
者を顕彰することで過去の過ちを肯定してしまっているのが、歴史修正主
義の誤謬です。国の内外からは批判の声も上がっています。エスノセント
リックな隣国もありますが、その声を打ち消すために大声で自国の歴史を
賛美することは賢明な方法でもありません。実証的な歴史を求めることこ
そ、発展的な未来を構築することにつながります。

　再び戦争をして誰が喜ぶのか、戦争を肯定し賛美するものがいかなる者
かは、冷静に考えれば判断することができるでしょう。難しいのは、なぜ
そういう人々が現れて来るのかです。ヒトラーの出現、右翼・軍部の台頭
を学んできましたが、これは過去のことと言ってしまっていいのでしょう
か。今起きないという根拠はどこにもありません。日本を取り巻く国際関
係、経済の先行き不透明感、生活が困窮し希望が見えなくなっている日本
社会。人びとが不満を抱くとき、その閉塞感を打開するかのような快い言
葉をなげかけ、人心を掌握しようとする者が現れないとも限りません。

　現実はとても危うい空気が立ち込めています。独裁者やファシストを増
殖させる社会状況を生み出すのは、過去の歴史を振り返ると、民衆に他な
らないのです。それはポピュリズムであるかもしれませんし、体制へのサ
イレントかもしれません。民主主義は大変に脆いものであることを意識し、
これと真摯に向き合い制御していかないと、気が付いたときには手遅れと
なっているのが、歴史の教えるところなのです。

第11章　全体主義と植民地の民族運動

第12章 | 第二次世界大戦後の世界

1 東西冷戦

　第二次世界大戦後の世界を一言で言えば、「東西対立」です。大戦中ににわかに生じてきたのが、アメリカとソ連との対立でした。全体主義国家（ドイツ・イタリア・日本）という共通の敵がいる間は連合国として共闘していましたが、勝敗の先が見えてくると、両者は戦後世界の覇権を考えるようになりました。はっきりとしたのが、1945年2月のヤルタ会談です。このときポーランド・バルカン諸国の処理でF・ルーズベルト（米）とスターリン（ソ）の対立が表面化しました。ドイツ降伏（5月）後のポツダム会談（7〜8月）の中心議題は、ヨーロッパの戦後処理と戦後日本の管理についての協議でした。このとき、ルーズベルトの急死で後任となったトルーマンは、東アジアでの社会主義拡大を恐れ、ソ連が対日参戦する前に決着をつけることを考えていたとも伝えられています。

　この会談の途中、米ネバダで初の原爆実験に成功したという知らせが入っていたようです。歴史に「もし」ということはないのですが、日本がポツダム宣言を「黙殺」せずにすぐに受け入れていたら、その後の歴史はどう変わっていたのでしょうか。

　ベルリン郊外のポツダムには会談に使われた場所が、今もそのまま残されています。日本人はほとんど訪れませんが、植民地から解放された韓国人はよく訪れているようです。

「鉄のカーテン」

　チャーチル（英）は、戦後の欧州の状況をたとえて「バルト海からアドリア海まで鉄のカーテンが下ろされている」と演説をしました。ソ連が社

174

第二次世界大戦後の欧州

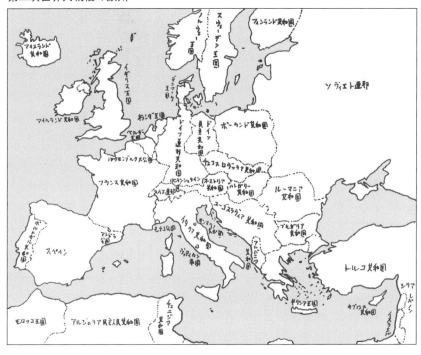

会主義陣営の拡大を企て、バルト三国を併合し、東欧諸国に社会主義政権を打ち立てたことを比喩したのです。欧州での東（社会主義陣営）と西（資本主義陣営）の対立は、分割占領されたドイツとそのかつての首都ベルリンで鮮明となりました。東ドイツ領域にあるベルリンで東西を分断する「ベルリンの壁」が作られたとき、対立はピークに達しました。東西両陣営は集団安全保障体制を組み、お互いに自分の陣営を固めるとともに相手の陣営の拡大を阻止しようと次々に政策を打ち出し合いました。スターリンが没する1953年まではその対立が激化していきました。熱い戦い（大戦）が起きなかったので冷たい戦争（冷戦）などと言われますが、朝鮮戦争（1950〜53年）をはじめ、各地で米ソ対立の代理戦争が繰り広げられていったので、戦争は常にあったことを忘れずにおきましょう。

　ソ連がフルシチョフ時代（1953〜64年）になると「緊張緩和」が進みました。だが、両者の溝を完全に埋めるものではありませんでした。東欧

中国・朝鮮半島の状況

中国	韓国・北朝鮮
45 国共内戦はじまる	45 朝鮮半島分割占領
49 中華人民共和国成立	大韓民国、朝鮮民主主義人民
国民党政府台湾に逃避	共和国分離独立
50 中ソ友好同盟相互援助条約締結	50 朝鮮戦争勃発
義勇軍を北へ援軍	
53 第一次五か年計画	53 朝鮮戦争休戦協定調印
54 平和五原則（周恩来・ネルー）	米韓相互防衛条約締結
58 第二次五か年計画〈大躍進〉	
人民公社成立	
60 中ソ論争公然化	61 朴正煕クーデター
62 中印国境紛争	63 朴大統領就任
66 プロレタリア文化大革命（～ 69）	65 日韓基本条約調印
69 中ソ国境紛争	
71 共産党政府、国連代表権を獲得	
72 米中共同宣言	
日中国交正常化	73 金大中事件
76 周恩来、毛沢東死去	
紅青ら四人組追放	
78 日中友好条約締結	
鄧小平「四つの近代化」路線実施	
79 米中国交正常化	79 朴大統領暗殺
中越戦争	80 韓国、光州事件
	88 ソウルオリンピック
89 天安門事件	90 韓国、ソ連と国交樹立
92 韓国と国交正常化	91 南北国連同時加盟
社会主義市場経済宣言	92 中韓国交樹立
97 鄧小平死去	94 北、核査察緊張
香港の復帰	金日成死去
99 澳門の復帰	98 韓国、金大中大統領就任
	00 南北首脳会談
	02 日朝首脳会談
08 北京オリンピック	03 北核問題発生
12 習近平体制	06 北ミサイル発射

におけるポーランド・ハンガリーでの反ソ暴動（1956 年）や「プラハの春」と称されるチェコの自由化（1968 年）は、すべてソ連軍により弾圧されました。最大の緊張は、ソ連がアメリカの喉元キューバにミサイル基地を建設しようとしたときの攻防、キューバ危機（1962 年）でした。一触即発の事態となり、誰もが第三次世界大戦を覚悟しましたが、これはソ連の譲歩で回避されました。スターリン時代だったら戦争になっていたのではと考えれば、「緊張緩和」は進んでいたといえるのでしょう。

この時期、社会主義陣営でも路線対立から中ソ対立（1960年〜）があったり、西欧でも復興が進み、アメリカ主導を煙たがる空気が生まれたりしました。かつて植民地だった地域でも次々に独立が進み、どちらの陣営にも与しない非同盟の勢力（第三世界）を作ろうとする動きが現れていました。インドネシアのバンドンでのアジア・アフリカ会議開催（1955年）はこうした動きによるものです。

　このように、60年代初めになると、米ソという対立構造が多極化し、現状を追認して平和共存していこうとする流れで進むこととなります。この流れはデタント（雪解け）と呼ばれ、軍縮や核拡散防止条約、中華人民共和国の国連加盟などの進展に見られるように、東西の距離を少しずつ縮めていきました。もちろん、アメリカのヴェトナム戦争（1965〜75年）やソ連のアフガン侵攻（1979〜88年）があったりして、必ずしも順風ではありませんでした。

2　朝鮮戦争とヴェトナム戦争

　日本の近くで起こった2つの戦争は、両方とも東西陣営の衝突でした。

　大戦が終わるとすぐ、中国では国共内戦が激化しました。蔣介石の率いる国民党政府には英米が援助を行い、毛沢東らの率いる共産党にはソ連が与しました。激烈な内戦は1949年、国民党政権（中華民国）が台湾に渡り、大陸に共産党政権の中華人民共和国が成立したところで一応の終結を見ます。結果的には社会主義勢力の圧勝に終わったことになります。これにより、東アジアの共産化が自由主義陣営の脅威となってきました。日本が連合国に占領されたときドイツのように分割されなかったのは、アメリカがソ連の介入を阻止したかったためですが、このときになって東アジアでの反共は現実的な問題となってきました。

朝鮮戦争

　1945年8月、朝鮮半島ではソ連軍の進攻により日本植民地政府（総督府）が統治を放棄し、日本軍も戦線離脱しました。半島内は無政府状態の

混乱状況となりました。連合国はここを民族政府成立まで占領するつもり
だったのですが、ソ連とアメリカが南北別々に入ったことで、分裂占領の
事態となります。もちろん両者は自勢力領域の拡大を謀っていました。

　米ソの会談が持続的に開かれましたが決裂し、1948 年、南部に大韓民
国（李承晩政権）が、北部に朝鮮民主主義人民共和国（金日成政権）が成
立します。両者は米ソの対立を背景に対峙し、1950 年、前年に成立した
中華人民共和国の支援、ソ連の後押しを得た北朝鮮が南に侵攻し朝鮮戦争
が勃発しました。アメリカは国連の名のもとに米軍を主力とする国連軍を
組織し、陥落寸前の南東部から半島付け根まで押し返しました。その後中
国義勇軍の参戦で反撃が続き、北緯 38 度線あたりで膠着状態となりまし
た（～ 1953 年）。この 4 年間に半島の 80％が焦土となり 300 万人が犠牲
となったといわれます。核兵器使用も考えられていたようです。南北会談
が行われる飯門店は 38 度線上にあります。ここが現在も両国を分ける軍
事境界線です。一般的な国境とは意味が違うので注意しましょう。

　この間、アメリカは自由主義陣営を固め、防共の砦とするために日本の
占領を解く必要からサンフランシスコ（対日）講和会議（1951 年）を開
催しました。ソ連と東欧諸国などはこれに参加せず、中国は中華民国が参
加し、サンフランシスコ平和条約が結ばれ日本の国際社会復帰が認められ
ました。同日に日米安全保障条約が結ばれたことからも、防共（共産主義
拡大阻止）の切実さがわかるでしょう。ちなみに、朝鮮戦争が起きてまも
なく対日方針が変更され、日本国憲法第 9 条では「陸海空軍その他の戦力
は、これを保持しない」はずだったのですが、警察予備隊（後の自衛隊；
the Self-Defense Forces）が GHQ 指導のもと作られています。日本では、
朝鮮戦争で消費される物資を供給するため朝鮮戦争特需が生まれ、戦後の
経済復興の大きな基礎となりました。このように朝鮮戦争は、日本にとっ
て大きな意味をもつものです。

ヴェトナム戦争

　アメリカは反共政策の一環として、韓国とは米韓相互防衛条約（1953
年）、台湾とは米台相互防衛条約（1954 ～ 79 年）、フィリピンとは米比相

互防衛条約（1951年）を結び、集団安全保障による東アジアの反共包囲網を敷きました。日米安保条約もこの一つです。ただ、インドシナ半島では状況が違っていました。

インドシナ半島では大戦末期、日本による傀儡政権が作られていました。これに対しホー・チ・ミンらの共産党が中心となってヴェトナム独立同盟（ヴェトミン）を組織し反日民族闘争を繰り広げました。日本敗戦後、彼らは北部のハノイにヴェトナム民主共和国を建国し（1945年9月）、民族統一を進めようとしていました。一方、旧宗主国のフランスは戦後再びインドシナ植民地を復活させようともくろみ、南部のサイゴンにコーチシナ自治共和国を設立させるなど分断国家創出を試み、ハノイ政権とも交渉を重ねました。しかし、統一を考えるハノイにとって妥協の余地はなく、インドシナ戦争（1946年12月〜）へ突入することになります。

フランスは前皇帝バオ・ダイを首班にサイゴンにヴェトナム国を成立させ戦争を進めるものの長期化するにおよび、自国の戦後復興や北アフリカ植民地問題などで経済的に見通しが立たなくなっていきました。一方ハノイ政権は中華人民共和国の成立後その援助を直接受けるようになり、勢力が強まっていきました。北部ディンビエンフーの陥落によりフランス軍の劣勢が決定的になったところでジュネーブ休戦協定（1954年7月）が成立し、北緯17度線が暫定軍事境界線となりました。

フランス撤退後のインドシナ半島における共産化は、アメリカにとって許しがたい情勢でした。アメリカはゴ・ディン・ジィエムを支援し、ジュネーブ協定を無視してヴェトナム共和国（1955年）を作らせました。この反共主義の独裁政権はアメリカの傀儡政権でした。

1960年、北ヴェトナムの支援を受け、南ヴェトナム解放民族戦線が結成され、反米・反ゴの幅広い民族・民主闘争が展開されていきました。ゴ政権は軍事クーデターにより倒壊しましたが、その後もアメリカは不安定な新政権を支持し続け、解放民族戦線の制圧を試みました。しかし、いっこうに進展を見ない状況に解放民族戦線を援助する北ヴェトナムへの直接攻撃に出ます。いわゆる北爆の開始です（1965年〜）。このとき北爆に向かうB52爆撃機は、まだアメリカ占領下にあった沖縄の基地から飛び立っ

第12章　第二次世界大戦後の世界／*179*

ていた事実は押さえておきましょう。

　その後も北との和平交渉は行うもののはかどらず、共産勢力根絶をはかるため、戦線を隣のラオスやカンボジアへも広げました。泥沼化していく一方のヴェトナム戦争に対し、米国内では反戦運動が盛んになり、ソ連との関係で対中国政策の転換も起きました。経済的には長引く戦争で財政も悪化し、ドルの価値が暴落（ドルショック）していきました。こうした諸処の状況のもとパリ和平会談（1973年）が実現し、米軍は南ヴェトナムから撤退しました。その後も南の政権は、北ヴェトナム軍と解放民族戦線と交戦を続け、1975年4月のサイゴン陥落で終止符が打たれました。翌76年南ヴェトナム臨時政府と北の政府によって統一国家ヴェトナム社会主義共和国が成立します。

　インドシナ戦争とヴェトナム戦争は共産主義対自由主義といった東西の対立の側面も持つものですが、帝国主義（植民地主義）対民族主義の対立として考えることもできます。その後の世界の歴史から考えると、後者の見方のほうが的を射ているかもしれません。

　ヴェトナムはその後国家建設を行っていきますが、隣国カンボジアの不安定さに乗じ、暴政を繰り広げるポルポトのクメール・ルージュ（カンボジア共産党）政権に対し、ソ連の支援を受け軍事的介入を行いました。これに対しカンボジアを支援する中国との間で中越戦争が勃発し（1979年）、多数のインドシナ難民を生み出すことになります。

3　その他の主だった国際状況

パレスティナ問題

　まず、パレスティナ問題を挙げておきます。これは10章でも書きましたが、WWⅠ以来の問題です。元凶はイギリスの三枚舌外交でした。パレスティナのアラブ人も、イスラエルのユダヤ人もその犠牲者といえます。それ以来イギリスはこの問題に表立っては関わっていません。

　1993年、パレスティナ暫定自治協定が結ばれました。これは、敵対関係を存続させるより国際関係や経済環境を改善させる方が得策であるとい

うイスラエルとPLO（パレスティナ解放機構）の政治的判断によるもの
ですが、その後もイスラエル国内の政治的な思惑が働き、指導者であった
アラファト議長の死や代表交代などの不安定さが加わることで、両者の溝
は一向に埋まりません。教皇ヨハネパウロ2世が2000年を機に聖地イェ
ルサレムを訪問しましたが、教皇という精神的世界の指導者が争乱地の只
中に身を置き、平和を希求するということが、いかに人々の心に訴えるか
を、日本人にはなかなか理解できません。十字軍の時代から、欧州とイェ
ルサレムの関係はあります。その長い時間が大きな意味を持ち、彼の地の
人々の中に流れています。しかし、いくら平和を希求しても理想と現実の
ギャップを乗り越えることは実に難しいのです。

　現在、イスラム原理主義のハマスがパレスティナで武力蜂起を行ってお
り、それに過敏に反応するイスラエルによる報復が続いています。パレス
ティナ問題は解決の糸口が見つからないまま緊張が続いています。

アパルトヘイトと公民権運動

　次に、マイノリティの視点から見てみましょう。アメリカの黒人の公民
権闘争、南アフリカのアパルトヘイトともに、人種差別ということから、
政治的な平等を求めてのムーブメントが権力闘争となっていきました。

　南アフリカは、ネルソン・マンデラを大統領に永年の白人支配から脱却
し、人種が融合した新しい国づくりを行いました。マイノリティの権利を
十二分に配慮した、世界で最も民主的な憲法を採択したといわれています。
これは、マジョリティ側の寛容な姿勢からではありません。南アでは人口
の上からはマジョリティ（多数派）は黒人、マイノリティ（少数派）は白
人なのです。旧支配者層（白人）の置きみやげとでもいうもので、依然と
して権力を握っているのは白人です。アメリカ社会を見てもわかるように、
底辺に位置づけられてしまった階層が社会的に上昇するのは、並大抵のこ
とではありません。底辺層は底辺層にしかなれないようなシステムができ
てしまっていて、社会の再生産が起きているのです。アメリカの黒人とい
うと、スポーツ選手やミュージシャンを思い浮かべますが、わたしたちが
もっているそのステレオタイプ（偏見）は、その分野でしか才能を伸ばせ

第12章　第二次世界大戦後の世界　181

ないという社会システムの現れなのです。スポーツでも、水泳選手に黒人がいない理由を考えてみてください。自他共に差別意識が未だに残っているということです。

　人種という考え方は、文化人類学の世界ではすでにありません。黒人とか白人とか黄色人種とかいうのは表面的なことで、人間を分類することが学問的には無意味だからです。それは生物をDNAレベルで判定するようになったからでもありますが、人種という概念そのものが、植民地人と宗主国の人間の社会階層の序列を正当化させるために、帝国主義時代に作り出されたものだからです。支配・被支配の関係を表すうえで、肌の色は一目でわかる指標として便利だったからに過ぎません。

　2009年、アメリカ大統領に黒人のバラク・オバマが就任し、アメリカは人種の壁を超えたかのように見えます。世界最大の国に黒人大統領が就いた意味は大きいのです。もはやアメリカでは、大統領が黒人だなどとは誰も言わなくなりました。ただこれで、人種・民族差別がなくなったわけではありません。

イスラム原理主義

　もう一つ注意しておかなければならないことに、イスラム原理主義の台頭が挙げられます。2001年9月11日、ニューヨークなどで同時多発テロが起きました。イスラム原理主義の思想に共鳴した者の犯行であったようです。その首謀者ウサーマ・ビン・ラーディンを追い、アメリカはテロとの戦いと称してアフガニスタンで戦争を繰り広げました。それと前後して、西側論理に対抗するアラブ・イスラム論理のイラク・フセイン政権に対する湾岸戦争（1990年）やイラク戦争（2003年）を起こしました。「文明の衝突」がやってくるという学者もいますから、イスラム原理主義がテロを続けると、その矛先はアメリカだけではなく、現代文明を支えている資本主義圏、とくに先進国に向けられていくことになります。世界史的な矛盾が、貧富の差、西欧的価値観、産業構造のなかに現れています。先進国は生き残りのために先に先に進んでいきますが、努力してもどうにも追いつくことができない世界がすでに存在しています。

2010年、アラブの春と言われる民主化の流れが北アフリカを中心に起きました。シリアではアサド政権が力づくでこの流れを押しとどめ、内戦が激化していきました。隣のイラクでは先の2つの戦争後にできた政権が不安定で社会は安定せず、混乱状況が続いていました。そこにイスラム原理主義のアルカイダやその流れをくむ勢力が力を伸ばし、2014年にはIS（ISIS、ISIL）、イスラム国と言われる過激な勢力がイラクからシリアにかけて支配領域を広げ、国家樹立を目指しているといわれています。これに対し、近隣のアラブ諸国やトルコをはじめ欧米は対抗措置を取っていますが、先が見えない状況が続いています。そこには旧来の政治勢力と民主化を求める勢力、そして欧米大国の駆け引きがあり、事態をさらに混とんとさせています。犠牲になるのはやはり力のない民衆であり、間違いなく子どもや女性であることを忘れてはならないでしょう。

　みなさんはテレビのニュースなどでこのような映像を見て何を感じるでしょうか。日本人ジャーナリストなども拉致され殺害されるという事件も起きました。また、自衛隊が海外派兵され後方支援で参加もしています。アジアやアフリカの中には、人々が生きることさえ危うい状況の国々があります。日本もこうした紛争地域に間接的にではあっても関わっています。いずれ直接的に関わらざるを得ない状況になるかもしれません。そういう意味で私たち日本人も、それに対しても無頓着ではいられないのです。遠い海外のことであるとか、日本にも解決しなければならない問題が山積しているとか、理由はあると思いますが、このグローバル化した社会では、地球上で起きている出来事は必ず私たちと結びついていること、隣で起きていることと意識しなければならないと思います。日本のニュースでは流れずとも、インターネットの海外メディアでは流れている情報も多くあります。情報操作とまではいわなくとも、私たちのもとに届く情報にはなんらかのフィルターがかかっているのです。意識していないと、見なければならないものも見えなくなります。そうなると、感情に流され理性的な判断ができなくなってしまったり、都合のいい考え方に流されたりしてしまう恐れもあるわけです。それは日本の民主主義の危機であり、私たちの明日を揺るがす、極めて危うい社会だと考えなければなりません。

第12章　第二次世界大戦後の世界　*183*

おわりにかえて

　21世紀になり世界はますます複雑化しています。経済のグローバル化は世界をより緊密にし、どこかの国の社会不安が一瞬で地球を回って、他国の経済に打撃を与えます。2008年のリーマンショックに端を発する世界経済危機などは典型的なものでした。

　政治的にもアメリカが相対的に力を失い、逆に中国が世界第二の経済大国となり勢いを増しています。EUを中心にしたヨーロッパは政治的には安定しているようにも見えましたが、近年経済基盤の不安定な国々を抱えて、また、シリア難民の流入、移民労働者の増加によるイギリスのEU離脱など、根底が揺らぎ始めています。ロシアのプーチン政権もクリミア半島の併合、シリアへのISの空爆など国際的な緊張を作り、ヨーロッパとは一線を画した存在であろうとしているようにも見えます。アラブの民主化は、ISの出現で一層混乱に拍車がかかりました。中国と並び発展を遂げるインドも隣国パキスタンとの関係はよくありません。ともに核兵器をもってしまったという物騒な関係でもあります。それに対しASEANは協調発展を歩んでいるようですが、中国との関係で一つにまとまれない状況が見えています。その中国も国内の経済格差や民族問題など急速に発展したが故の内部矛盾を抱えています。それを対外政策に結びつけようという政治的な意図も政権にはあるようです。

　このように考えると世界の国々は、単独で存在することはできず、他国との関係のもとで成り立っています。つまり、他国との協調関係、対立関係が絡み合いながら、微妙なバランスの上に共存しているといえるでしょう。集団安全保障の考え方は以前からありますが、政治的なものばかりでなく、TPP（環太平洋経済連携協定）やFTA（自由貿易協定）のような経済システムでも目指されています。さらに、見方を変えれば、国の中にも様々な民族やエスニシティが存在しています。また、インターネットと

いうテクノロジーの発展は、国境という概念そのものを形骸化させるツールとなっていると言っても過言ではありません。世界を国という枠組みで捉えようとすることが、もはや意味をなさないのかもしれません。

　日本という国に目を転じると、その周辺の東アジアでは不安定要因が生じています。中国や韓国、ロシアとの間では尖閣諸島、竹島、千島と領土に関係する問題、また、WWⅡ時に起因する問題もあります。北朝鮮とは拉致問題や核開発とミサイル問題で国交の正常化には程遠い状況です。政治と経済を加味した外交戦略がなければ立ち行かないのですが、日本政府の政策からはそれがなかなか見えてきません。状況を伺うだけではなく、積極的で巧みな平和外交が求められます。安保関連法案が2015年に成立し、それが今後どのように機能していくか、やはり先が見えません。

　国内ではヘイトスピーチのような排外主義も見られます。社会発展がなく経済格差が広がっている閉鎖的な状況が、政治への無関心と過度の排外主義を生んでいると言えるかもしれません。2017年1月にアメリカでドナルド・トランプ大統領が就任しました。選挙期間中から排外主義的差別や女性蔑視の言動が目立っていた候補者でした。就任後時を置かず矢継ぎ早に大統領令を発し、その中にはテロを防ぐと称して特定のイスラム諸国移民を停止するものもありました。まるで戦前のナチス・ドイツを彷彿させるようなところもあるこうした政治手法が今後どのように展開されていくのか危惧されます。日本はこれまでのような輸出を通じた経済成長が、周辺諸国の台頭、アメリカの経済政策の転換などでもはや難しくなっています。この状況をどのように打開するのか、日本の将来は不安でしかありません。

　21世紀になってすでに十数年経っています。考えれば考えるほど、困難さが増殖しています。先送りにしていつまでも逃げ切れるならいいのですが、国債残高など日本の債務は1000兆円を超えるほどです。他先進国の中でもGDP比では最悪な状況です。これが私たちの生活にのしかかって来るのです。

　ドイツはWWⅠのあと膨大な負債を抱えていました。それを返済しようとした矢先に世界大恐慌が起こり、国民は展望を失い、心地良い言葉に

おわりにかえて／185

惑わされヒトラーを政権の座に押し上げてしまいました。そのような歴史が、二度はないと言えるのでしょうか。人々の心は移ろいやすいものでもあるのです。

　しかし、これまでの人類の歴史は、数え切れない破綻も起こしましたが、また幾度も難局を乗り切っても来ました。戦争ばかりが印象に残るのが世界史ですが、平和を求めそれに成功した例も無数にあるのです。私たちの将来は残念ながら平穏なものではなさそうです。しかし、人類は歴史を積み重ねる中で知恵を獲得して来たのも事実です。人類史上最も知恵のあるのが今の私たちといえるのです。それを見失わないことが、未来を切り開くのだと信じます。

　そして、最後に一言付け加えます。

　「パンドラが開けた箱の底には、希望が小さくうずくまっていました」

　歴史を知り、未来に希望を持てば、私たちは幸せに生きていくことができるはずです。

あとがき

　この本は、私が高等学校の通信制課程で教えていた時に生徒に配布していた解説書をもとに、加筆修正を行ったものです。ご存知の方もいるでしょうが、高等学校の通信制課程では「自学自修」を旨としています。平日は家庭などで教科書を読みながら添削教材を解き、学校へ提出して添削してもらい学習を深めるものです。年間数日スクーリングという面接授業を受けなければなりません。科目単位によって年間出席時間数は規定されているのですが、世界史Bの場合、年間に4時間となっています。一般的な通学制ならば世界史は標準3単位なので週3時間授業があり、年間では105時間となります。スクーリングを授業と考えれば、あまりにも少ないことに驚くでしょう。

　通信制は自習することが授業に当たるわけですが、はじめての科目を独学で学習することは、思いのほか大変で根気のいることです。世界史は基本的に中学では勉強しませんし、知らない言葉や概念も多く、聞いたこともない地名や人名も数多く出てきます。そのため、教科書だけでは見過ごしてしまう内容や重要なポイントを押さえるために、補助教材として生徒に解説書を配布していました。

　じっくりと学習をする生徒や社会経験があるような年長の生徒には、この解説書は好評でした。深く歴史を学びたいと思う人や社会の仕組みがなんとなくわかっている人にとっては、歴史の流れや社会の諸相を示しているのでわかりやすかったのでしょう。

　今回その頃の解説書を一冊にまとめたのは、通信制課程の高校生ばかりでなく、世界史に興味がある方や、これから社会科・地歴科の教員になろうと思っている人に、歴史の捉え方を理解してもらいたいと思ったからです。世界史の教科書はボリュームがあり、重要なポイントも意識的に読んでいかないとわかりづらいものです。そのため、この本をまず読んでいただき、世界史の外観を掴んでもらいたいと思います。その後、通史でも、

興味のあるテーマ史でも、学習を深めていっていただきたいと思います。そのような意味で、「反転授業」という名称を冠に加えました。

「反転授業」(flipped classroom) は、MOOCs (massive open online course) 大規模公開オンライン講座と授業を組み合わせた学習方法です。これまで学校での授業は、基本的なところから始め、発展的なところへ進展させる方法が取られていました。しかし、反転授業では、事前にMOOCsで予習を行い基本的な事項を理解した上で授業に臨み、すぐに問題の核心に入っていく、思考力を高めるための学習形態です。本書を世界史学習の基礎的な学習事項と概念の確認として位置づけ、そのもとでさらなる思考の発展に結びつけていただきたいと考えました。オンライン講座というわけではありませんが、世界史の面白さを発見して、より深い学びへと結びつけていただけることを期待します。

最後に、学生時代からの友人で河合塾世界史講師の矢野文明氏には、講義の合間の多忙な折りに本書の原稿を見て助言していただけたことにお礼を申し上げます。また出版の機会を与えて下さった花伝社の平田勝社長には格別のご配慮をいただいたことに深く感謝しております。そして、編集の労を取ってくださった佐藤恭介氏にはお礼を申し上げたいと思います。

上野昌之（うえの・まさゆき）

東京都生まれ。学習院大学大学院人文科学研究科、早稲田大学大学院教育学研究科、
日本大学大学院総合社会情報研究科修了。博士（総合社会文化）。
東京都立高等学校教諭（社会科・地理歴史・公民科）を経て、首都大学東京、日本大学、
日本女子大学、早稲田大学などで講師を務める。
専門は歴史教育、多文化共生教育、教職教育。

反転授業　世界史リーディングス──歴史の流れをつかむ12章

2017年4月25日　　初版第1刷発行

著者 ─────── 上野昌之
発行者 ───── 平田　勝
発行 ─────── 花伝社
発売 ─────── 共栄書房
〒101-0065　東京都千代田区西神田2-5-11出版輸送ビル2F
電話　　　　03-3263-3813
FAX　　　　03-3239-8272
E-mail　　　kadensha@muf.biglobe.ne.jp
URL　　　　http://kadensha.net
振替 ─────── 00140-6-59661
装幀 ─────── 佐々木正見
印刷・製本 ─ 中央精版印刷株式会社

©2017　上野昌之
本書の内容の一部あるいは全部を無断で複写複製（コピー）することは法律で認められた場合を除
き、著作者および出版社の権利の侵害となりますので、その場合にはあらかじめ小社あて許諾を求
めてください
ISBN978-4-7634-0811-2 C0022

——■花伝社の本■——

未来を切り拓く世界史教育の探求

米山宏史　著

本体 2200 円＋税

●グローバル化と多民族・多文化共生のいま、必要な世界史とは？
知識詰め込み型の授業から脱却し、生徒が主体的に発信・行動できる能力を習得するために。
2022年度の新科目「歴史総合」の導入を前に、世界史と日本史を結びつけ、東アジアの歴史を重視し生徒自身が能動的に学ぶ世界史の授業例を多数掲載。
経験から導き出した、生徒が主体的に学ぶための道筋となる必携の教育メソッド。